CAMBIA LA TUA VIA

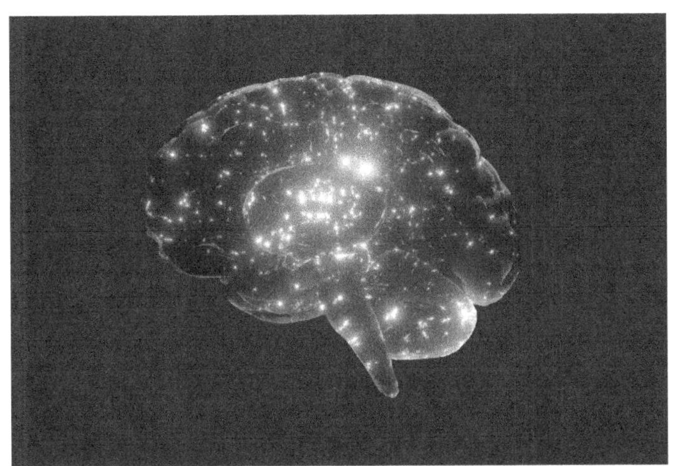

Rivaluta i tuoi valori:

Prenditi del tempo per riflettere su ciò che per te è veramente importante. Questo ti aiuterà a identificare cosa vuoi davvero dalla vita e cosa potrebbe non essere più allineato con i tuoi principi.

Fissa obiettivi concreti:

Dividi i grandi cambiamenti in piccoli passi realizzabili. Obiettivi specifici, misurabili e raggiungibili rendono il cambiamento meno spaventoso e più gestibile.

Esci dalla tua zona di comfort:

Spesso, il cambiamento avviene quando ci spingiamo oltre i nostri limiti abituali. Prova nuove attività, fai esperienze fuori dall'ordinario e affronta le tue paure per aprire la strada a nuove opportunità.

Migliora le tue relazioni:

Circondati di persone che ti supportano e ti ispirano. Le relazioni tossiche o stagnanti spesso bloccano il cambiamento; cerca invece quelle che ti arricchiscono e ti spingono a crescere.

Impara qualcosa di nuovo:

Che si tratti di una nuova abilità, di una lingua, o di un argomento che ti appassiona, l'apprendimento continuo mantiene la mente attiva e aperta alle novità.

Affronta le tue paure:

Il cambiamento può essere spaventoso, ma spesso dietro la paura si nasconde la crescita. Identifica le tue paure e affrontale gradualmente, per diminuire il loro potere su di te.

Prenditi cura di te stesso:

Un cambiamento di vita significativo non può avvenire senza un'attenzione alla tua salute fisica e mentale. Stabilisci abitudini salutari come una dieta equilibrata, l'esercizio fisico regolare e momenti di relax per ridurre lo stress.

Lascia andare ciò che non ti serve:

Questo può significare oggetti fisici, abitudini, o persino persone. Il decluttering della tua vita crea spazio per nuove esperienze e relazioni.

Viaggia o cambia ambiente:

Cambiare fisicamente luogo può aprire la mente a nuove prospettive. Anche solo un breve viaggio può offrirti uno sguardo diverso sulla tua situazione e ispirare un cambiamento.

"Rivaluta i tuoi valori" significa prendere del tempo per riflettere profondamente su ciò che consideri importante e prioritario nella vita. I valori sono i principi guida che orientano le nostre scelte quotidiane e definiscono ciò che riteniamo significativo, sia a livello personale che professionale. Spesso, nel corso del tempo, i nostri valori possono cambiare in base alle esperienze di vita, alle relazioni o agli eventi. Rivalutarli può essere un passaggio chiave per intraprendere un percorso di cambiamento autentico e consapevole.

Ecco alcuni aspetti importanti di questa riflessione:

1. IDENTIFICARE I VALORI ATTUALI

Chiediti quali sono i valori che attualmente guidano le tue decisioni. Possono includere cose come l'onestà, la famiglia, la carriera, la libertà personale, la sicurezza o l'avventura. A volte, senza accorgercene, possiamo vivere seguendo valori imposti da altri o dalla società, che potrebbero non rispecchiare davvero ciò che desideriamo.

2. ESAMINA LE TUE SCELTE RECENTI

Analizza le decisioni importanti che hai preso di recente: cambiare lavoro, iniziare o interrompere una relazione, trasferirti in una nuova città. Domandati se queste scelte erano in linea con i tuoi valori o se, al contrario, erano dettate da pressioni esterne, convenzioni sociali o paure.

3. RICONOSCI I VALORI OBSOLETI

Ci sono valori che ti accompagnavano in passato, ma che ora non sono più rilevanti? Magari una volta il successo finanziario era la tua priorità, ma oggi dai più valore al tempo libero o alle relazioni. Lasciare andare valori che non riflettono più chi sei oggi è un passo cruciale per evitare di vivere una vita non autentica.

4. ALLINEA LA VITA AI NUOVI VALORI

Una volta che hai rivalutato i tuoi valori, chiediti se il tuo stile di vita attuale è allineato con essi. Se il tuo nuovo valore principale è l'equilibrio tra lavoro e vita privata, ma stai ancora lavorando 12 ore al giorno, c'è una disconnessione. Allineare i tuoi valori alla vita reale significa fare cambiamenti concreti, magari riorganizzando il tempo, stabilendo nuovi obiettivi o anche prendendo decisioni drastiche.

5. ESPLORA I CONFLITTI INTERNI

A volte, i nostri valori possono essere in conflitto tra loro. Per esempio, potresti valorizzare sia la stabilità economica che la libertà creativa, ma trovare difficile conciliare entrambi. Essere consapevole di questi conflitti ti aiuta a fare scelte più bilanciate, o almeno ad affrontare le tensioni con maggiore chiarezza.

6. SVILUPPA UN PIANO D'AZIONE

Dopo aver rivalutato i tuoi valori, stabilisci un piano concreto per integrarli nella tua vita. Potrebbe trattarsi di prendere più tempo per te stesso, concentrarti sulle relazioni significative, fare cambiamenti nella carriera o semplicemente vivere in modo più coerente con ciò che ora ritieni essenziale.

Rivalutare i propri valori è essenziale per trovare un senso di soddisfazione e significato. Questo processo può darti una direzione più chiara e aiutarti a costruire una vita che rifletta veramente chi sei, non chi pensavi di essere o chi gli altri ti hanno spinto a essere.

Rivalutare i propri valori è un processo che richiede introspezione e, a volte, coraggio. Spesso ci rendiamo conto che abbiamo vissuto per anni seguendo valori ereditati dalla famiglia, dalla società o dalle aspettative degli altri, senza interrogarci su ciò che realmente conta per noi stessi. Continuando su questo percorso di rivalutazione, ecco ulteriori punti di riflessione e azioni concrete che possono aiutarti a rendere il cambiamento più reale e significativo:

7. AFFRONTA LA DISSONANZA COGNITIVA

Potresti accorgerti di vivere in una sorta di "dissonanza cognitiva", ovvero una discrepanza tra ciò che dici di credere e il modo in cui agisci. Ad esempio, potresti affermare di valorizzare l'autenticità, ma allo stesso tempo vivere una vita di compromessi per accontentare gli altri. Questa consapevolezza può essere scomoda, ma è fondamentale per innescare il cambiamento. La dissonanza può diventare il motore che ti spinge a fare passi verso una vita più autentica.

8. PRATICA LA MINDFULNESS

La mindfulness, o consapevolezza, è uno strumento potente per aiutarti a sintonizzarti sui tuoi valori. Concederti momenti di riflessione quotidiana, attraverso la meditazione o semplicemente il tempo da passare con te stesso, ti permette di rimanere presente ai tuoi pensieri e sentimenti. La consapevolezza ti aiuta a notare quando stai agendo in modo incoerente con i tuoi valori e ti offre l'opportunità di correggere il corso.

9. ESAMINA LE INFLUENZE ESTERNE

Spesso siamo condizionati da ciò che gli altri pensano o si aspettano da noi: genitori, amici, partner o colleghi. Chiediti quanto queste influenze esterne hanno modellato le tue decisioni e se sei disposto a lasciarti alle spalle tali pressioni. È normale desiderare approvazione, ma il cambiamento profondo richiede una certa dose di autonomia e, in alcuni casi, la capacità di dire "no" agli altri per dire "sì" a te stesso.

10. ACCETTA LA POSSIBILITÀ DI PERDERE QUALCOSA

Cambiare i propri valori e vivere in accordo con essi può comportare delle perdite: relazioni, sicurezze, status o opportunità che prima consideravi fondamentali. Ad esempio, se ora metti al primo posto la salute mentale e il benessere personale, potresti renderti conto che un lavoro stressante e ben retribuito non fa più per te. Accettare queste possibili perdite è un passo doloroso, ma necessario, per costruire una vita più coerente con la tua vera identità.

11. CREA UN SISTEMA DI SUPPORTO

Durante il processo di rivalutazione dei valori, può essere utile avere un sistema di supporto che ti incoraggi e ti fornisca una prospettiva esterna. Questo può includere amici fidati, un mentore o persino un terapeuta. Queste persone possono aiutarti a mantenere la rotta, ricordandoti cosa conta davvero e fornendoti il supporto emotivo necessario per affrontare le difficoltà del cambiamento.

12. SII APERTO AL CAMBIAMENTO CONTINUO

I valori non sono statici; possono evolversi nel corso della vita in base alle esperienze e alle situazioni. Accetta che ciò che oggi ritieni importante potrebbe cambiare domani. Abbracciare questa fluidità ti consente di adattarti meglio alle nuove circostanze e di non sentirti bloccato in vecchie convinzioni che non ti servono più.

13. RENDI I TUOI VALORI UNA BUSSOLA PER LE DECISIONI

Una volta identificati e chiariti i tuoi valori, usali come una bussola per prendere decisioni importanti. Ogni volta che ti trovi davanti a una scelta difficile, chiediti: "Questa decisione è coerente con i miei valori?". Questo approccio ti aiuta a prendere decisioni che non solo soddisfano le esigenze immediate, ma che contribuiscono al tuo benessere a lungo termine.

14. CONDIVIDI I TUOI VALORI CON GLI ALTRI

Comunicare i tuoi valori a chi ti sta intorno può rafforzarli e aiutarti a vivere in modo più autentico. Condividere ciò che per te è importante con il partner, i familiari o i colleghi crea una maggiore comprensione reciproca e può ridurre i conflitti derivanti da aspettative diverse. Inoltre, questa condivisione ti aiuta a vivere in modo coerente e trasparente, rafforzando la tua integrità personale.

15. MISURA IL PROGRESSO, NON LA PERFEZIONE

Vivere secondo i propri valori è un processo continuo che richiede tempo e pratica. Non sempre sarai perfetto nell'allineare ogni scelta o azione ai tuoi principi, e questo è normale. Concentrati sul progresso piuttosto che sulla perfezione. Ogni passo verso una vita più autentica è una vittoria, anche se ci saranno giorni in cui ti sentirai di essere tornato indietro.

BENEFICI DELLA RIVALUTAZIONE DEI VALORI:

- **Autenticità**: Vivere secondo i propri valori porta a una maggiore autenticità, una sensazione di essere veri e coerenti con se stessi.

- **Chiarezza decisionale**: Avere valori chiari rende più facile prendere decisioni importanti, riducendo l'incertezza e lo stress.

- **Soddisfazione personale**: Quando le nostre azioni sono allineate con ciò che riteniamo importante, sperimentiamo un senso di realizzazione e soddisfazione più profondo.

- **Resilienza**: I valori chiari fungono da ancore durante i periodi di difficoltà, aiutandoci a rimanere centrati anche in mezzo alle sfide.

In sintesi, rivalutare i propri valori è una delle pratiche più trasformative per chi desidera cambiare vita in modo profondo e duraturo. Ti aiuta a fare scelte consapevoli, a vivere con maggiore integrità e a sentirti più in pace con te stesso e con il mondo che ti circonda.

FISSA OBIETTIVI CONCRETI

"Fissare obiettivi concreti" è una strategia essenziale per realizzare cambiamenti significativi nella tua vita. Gli obiettivi concreti trasformano i desideri astratti in risultati tangibili, fornendo una direzione chiara e uno scopo preciso. Senza obiettivi definiti, è facile sentirsi persi, demotivati o sopraffatti dalla vastità del cambiamento. Per rendere i tuoi sogni una realtà, è fondamentale stabilire obiettivi chiari, realistici e raggiungibili.

Ecco alcuni punti chiave da considerare quando fissi obiettivi concreti:

1. Scegli obiettivi specifici

Un obiettivo generico come "voglio essere più felice" o "voglio cambiare lavoro" è troppo vago per essere efficace. Gli obiettivi devono essere dettagliati e specifici. Ad esempio, invece di dire "voglio essere in forma", potresti dire "voglio correre tre volte a settimana per 30 minuti". Specificare cosa vuoi raggiungere rende il percorso più chiaro e ti aiuta a evitare distrazioni.

2. Assicurati che siano misurabili

La possibilità di misurare i tuoi progressi è

cruciale per valutare se stai raggiungendo l'obiettivo. Aggiungi criteri di misurazione a ogni obiettivo. Ad esempio, se il tuo obiettivo è "migliorare la mia carriera", definisci parametri misurabili come "acquisire tre nuove competenze professionali entro sei mesi" o "partecipare a un corso di formazione entro la fine dell'anno".

3. Stabilisci obiettivi raggiungibili

È importante che gli obiettivi siano realistici e alla tua portata. Puntare troppo in alto troppo presto può portare alla frustrazione. Suddividi grandi obiettivi in sotto-obiettivi più piccoli e gestibili, che puoi raggiungere gradualmente. Ad esempio, se desideri avviare un'attività, un primo obiettivo potrebbe essere "creare un business plan entro tre mesi" invece di pensare subito al successo finale.

4. Definisci obiettivi rilevanti

Gli obiettivi devono essere coerenti con i tuoi valori e ciò che desideri davvero nella vita. Se stai cercando di cambiare vita, gli obiettivi devono riflettere questa trasformazione e non essere imposti da pressioni esterne o aspettative altrui. Chiediti se l'obiettivo ti aiuta a crescere personalmente o professionalmente e se è in linea con i tuoi desideri più profondi.

5. Stabilisci una scadenza (temporalità)

Ogni obiettivo deve avere una scadenza temporale chiara. Le scadenze ti danno un senso di urgenza e ti spingono ad agire. Se non poni un termine, è facile procrastinare e rimandare il lavoro necessario. Ad esempio, un obiettivo come "voglio completare il mio romanzo" può diventare "voglio scrivere 500 parole al giorno per i prossimi sei mesi". Questo ti dà una struttura precisa e un senso di responsabilità.

6. Dividi gli obiettivi in tappe

Per obiettivi a lungo termine, suddividere il percorso in tappe o traguardi intermedi rende il processo meno opprimente e più gestibile. Ogni piccola vittoria lungo il cammino ti motiva a continuare. Se il tuo obiettivo è trasferirti in un altro paese, ad esempio, potresti iniziare con piccole azioni come "iniziare a imparare la lingua" o "ricercare il costo della vita" prima di affrontare passi più impegnativi.

7. Crea un piano d'azione

Non basta fissare un obiettivo; è fondamentale definire anche le azioni necessarie per raggiungerlo. Un piano d'azione ti permette di sapere esattamente cosa fare, giorno per giorno, per avvicinarti al tuo traguardo. Può essere utile stilare una lista di attività settimanali o mensili che ti mantengano focalizzato e in movimento verso l'obiettivo.

8. Monitora i tuoi progressi

Tenere traccia dei progressi è essenziale per capire quanto sei vicino al raggiungimento del tuo obiettivo. Puoi tenere un diario, un calendario o utilizzare app che ti aiutino a monitorare i risultati e valutare se stai procedendo secondo i piani. Se noti che stai rallentando, puoi aggiustare la rotta e fare correzioni prima che la situazione sfugga di mano.

9. Mantieni la flessibilità

Anche se è importante avere un piano e fissare obiettivi, è altrettanto fondamentale mantenere una certa flessibilità. Le circostanze possono cambiare, così come le tue priorità. Se un obiettivo non è più rilevante o raggiungibile, permettiti di modificarlo o ridefinirlo. L'importante è non sentirti intrappolato da obiettivi che non rispecchiano più la tua realtà.

10. Premiati per i risultati raggiunti

Celebrare i piccoli successi lungo il percorso è una parte importante del fissare obiettivi concreti. Riconoscere e premiare i tuoi progressi ti mantiene motivato e ti dà l'energia per continuare. Che si tratti di una giornata di relax dopo aver completato un compito importante o di una ricompensa personale, premiarti ti aiuta a rendere il viaggio piacevole e gratificante.

Benefici di fissare obiettivi concreti:

- Chiarezza e direzione: Quando sai esattamente cosa vuoi ottenere, le tue azioni diventano mirate e focalizzate.

- Motivazione continua: Gli obiettivi definiti forniscono un incentivo continuo a lavorare verso il miglioramento, mantenendo alta la motivazione.

- Senso di realizzazione: Ogni obiettivo raggiunto ti dà un senso di compimento e soddisfazione, aumentando la tua autostima e fiducia nelle tue capacità.

- Gestione del tempo migliorata: Con scadenze e tappe ben definite, diventi più efficiente nel gestire il tempo e nel dare priorità alle attività importanti.

- Capacità di affrontare gli ostacoli:
Un piano ben strutturato ti aiuta
a rimanere concentrato anche di
fronte agli ostacoli, poiché sai quali
passi successivi intraprendere.

In sintesi, fissare obiettivi concreti è una
delle chiavi principali per trasformare le tue
aspirazioni in realtà. Questo approccio ti dà
una roadmap chiara e ti aiuta a mantenerti
motivato lungo il cammino del cambiamento.

"Uscire dalla tua zona di comfort"

Significa abbandonare le abitudini, le routine
e le attività che ti fanno sentire a tuo agio e
sicuro, per esplorare nuove esperienze che
possono risultare inizialmente scomode
o incerte. La zona di comfort è quella
condizione mentale in cui operiamo con
routine consolidate e in ambienti familiari,
senza dover affrontare sfide particolari.
Tuttavia, sebbene questa zona possa sembrare
rassicurante, può diventare un ostacolo al
cambiamento e alla crescita personale.

Ecco alcuni punti chiave su cosa significa
uscire dalla tua zona di comfort e
come farlo in modo efficace:

1. CRESCITA PERSONALE E PROFESSIONALE

Il principale motivo per cui uscire dalla zona di comfort è così importante è che la crescita avviene solo quando affrontiamo sfide e situazioni nuove. Restare troppo a lungo nel familiare può portare a una stagnazione, sia a livello personale che professionale. Quando ti spingi oltre i limiti abituali, espandi le tue capacità, scopri nuove abilità e sviluppi una maggiore resilienza.

2. AFFRONTARE LA PAURA DEL CAMBIAMENTO

La zona di comfort è spesso governata dalla
paura: paura di fallire, di essere giudicati o
di sentirsi inadeguati. Uscire da questa zona
significa affrontare queste paure, accettando
che il disagio iniziale è parte del processo di
crescita. Ogni volta che affronti una paura
e riesci a superarla, diventi più sicuro di
te stesso e più aperto a nuove sfide.

3. AMPLIARE LE PROSPETTIVE

Rimanere in una zona di comfort spesso significa vedere il mondo attraverso una prospettiva limitata. Provare nuove esperienze, incontrare persone diverse o affrontare situazioni insolite ti aiuta ad ampliare le tue prospettive. Ad esempio, viaggiare in un paese straniero, imparare una nuova lingua o cambiare carriera può darti una visione più ricca della vita e delle sue possibilità.

4. SUPERARE LA ROUTINE QUOTIDIANA

Le routine possono essere confortevoli, ma a lungo andare possono diventare monotone e soffocanti. Cambiare le tue abitudini, anche in piccoli modi, ti permette di riaccendere l'entusiasmo per la vita. Potresti iniziare facendo qualcosa di nuovo ogni giorno, come una nuova attività sportiva, leggere libri fuori dal tuo genere abituale o avventurarti in hobby creativi che non hai mai esplorato prima.

5. RAFFORZARE LA RESILIENZA

Quando ti metti in situazioni scomode o imprevedibili, sviluppi la capacità di gestire lo stress e di affrontare l'incertezza. Uscire dalla zona di comfort ti rende più resiliente, perché impari a gestire le difficoltà senza sentirti sopraffatto. Ad esempio, fare un discorso pubblico o iniziare un nuovo progetto può sembrare intimidatorio all'inizio, ma ti permette di acquisire una forza interiore che ti sarà utile in molte altre situazioni.

6. AUMENTARE L'AUTOSTIMA

Ogni volta che riesci a superare una sfida fuori dalla tua zona di comfort, guadagni fiducia nelle tue capacità. L'autostima cresce quando dimostri a te stesso che sei in grado di affrontare l'incertezza e di ottenere risultati positivi. Anche piccoli successi, come imparare una nuova competenza o superare una paura, contribuiscono a costruire una base di fiducia solida.

7. CREATIVITÀ E INNOVAZIONE

La zona di comfort è anche un freno alla creatività. Quando ti spingi fuori da essa, esplori nuovi modi di pensare e vedere il mondo. Questo stimola la creatività e l'innovazione, permettendoti di trovare soluzioni a problemi o situazioni che prima sembravano insormontabili. Il pensiero creativo spesso nasce dall'esposizione a situazioni sconosciute o dalla necessità di adattarsi a nuovi contesti.

8. COLTIVARE LA CURIOSITÀ

Uscire dalla zona di comfort ti aiuta a risvegliare la curiosità naturale. Quando esplori nuovi territori – fisici, mentali o emotivi – impari di più su te stesso e sul mondo che ti circonda. La curiosità ti spinge a fare domande, a scoprire nuove passioni e a mantenere viva la voglia di imparare.

9. INCREMENTARE LE OPPORTUNITÀ

Spesso le migliori opportunità nella vita si trovano al di fuori della nostra zona di comfort. Sia che si tratti di una nuova carriera, di relazioni significative o di esperienze uniche, è più probabile che tu trovi ciò che desideri quando ti metti in gioco in contesti nuovi e sfidanti. Ad esempio, accettare un lavoro in un settore che non conosci o trasferirti in un'altra città può portarti a nuove e imprevedibili opportunità.

10. IMPARARE DALL'INSUCCESSO

Uscire dalla tua zona di comfort non significa garantire il successo in ogni impresa. È probabile che, in qualche caso, tu possa fallire o affrontare ostacoli. Ma anche questo fa parte del processo di crescita. L'insuccesso ti insegna lezioni preziose, ti permette di adattarti e di migliorare, rendendoti più resiliente e preparato a futuri successi.

11. COME INIZIARE A USCIRE DALLA ZONA DI COMFORT

Uscire dalla zona di comfort non significa buttarsi in situazioni estreme o completamente sconosciute. Puoi iniziare gradualmente, facendo piccoli passi fuori dalla tua routine abituale:

- **Affronta una piccola paura**: Potrebbe essere parlare in pubblico, chiedere un'opinione o presentarti a qualcuno di nuovo.

- **Sperimenta nuove attività**: Prova un nuovo sport, cucina un piatto straniero o leggi libri su argomenti diversi dai tuoi soliti interessi.

- **Esplora nuovi ambienti**: Può essere un viaggio in una città che non conosci o anche semplicemente cambiare percorso per andare al lavoro.

- **Chiedi feedback**: Lasciati esporre al giudizio degli altri chiedendo un feedback costruttivo su un progetto o una performance.

12. MANTIENI UNA MENTALITÀ APERTA

L'uscita dalla zona di comfort richiede una mentalità aperta, pronta ad accogliere nuove esperienze senza giudizio. Abbracciare l'incertezza e il cambiamento come opportunità, piuttosto che come minacce, ti permette di trarre il massimo dai momenti di disorientamento e adattamento.

BENEFICI DI USCIRE DALLA ZONA DI COMFORT:

- **Espansione delle capacità personali**: Affrontare nuove sfide ti aiuta a sviluppare competenze che non sapevi di possedere.

- **Miglioramento delle relazioni**: L'interazione con persone diverse o sconosciute ti aiuta a costruire connessioni più profonde e a migliorare le tue abilità sociali.

- **Riduzione dell'ansia a lungo termine**: Anche se uscire dalla zona di comfort può sembrare stressante inizialmente, nel lungo termine riduce l'ansia legata al cambiamento e alle nuove esperienze.

- **Scoperta di nuove passioni**: Provare nuove attività ti permette di scoprire interessi e passioni di cui non eri consapevole.

In conclusione, uscire dalla tua zona di comfort è essenziale per vivere una vita piena e appagante. Anche se inizialmente può sembrare difficile o spaventoso, ogni passo fuori dal familiare ti avvicina a nuove

scoperte, crescita personale e opportunità
che non avresti mai immaginato.

"Migliora le tue relazioni"

"Migliorare le tue relazioni" è fondamentale per
vivere una vita più appagante e soddisfacente,
poiché le connessioni umane profonde e di
qualità influenzano la tua felicità, il benessere
emotivo e persino la salute fisica. Che si tratti di
relazioni romantiche, amicizie, legami familiari
o rapporti di lavoro, investire tempo ed energie
per migliorarle ti aiuterà a costruire una rete
di supporto e a vivere esperienze più ricche.

Ecco alcuni aspetti essenziali su come
migliorare le tue relazioni:

1. SVILUPPA LA COMUNICAZIONE APERTA

La comunicazione è la base di ogni relazione sana. Una comunicazione aperta significa esprimere i propri sentimenti, pensieri e bisogni in modo chiaro e onesto. Evita di aspettarti che l'altro indovini cosa pensi o provi. Allo stesso tempo, ascolta attivamente gli altri, cercando di capire non solo le parole ma anche le emozioni dietro ciò che viene detto. Prendersi il tempo per parlare apertamente rafforza la fiducia e riduce i malintesi.

- **Tecniche di ascolto attivo**: Dimostra interesse attraverso il contatto visivo, fai domande di chiarimento e ripeti ciò che hai capito per assicurarti di non aver frainteso.

- **Evita la comunicazione passiva-aggressiva**: Se qualcosa ti infastidisce, affrontalo in modo diretto e calmo, senza lasciare che risentimento o frustrazione si accumulino.

2. PRATICA L'EMPATIA

L'empatia, ovvero la capacità di mettersi nei panni degli altri, è essenziale per comprendere le emozioni e le prospettive delle persone a te vicine. Essere empatici significa non solo ascoltare, ma anche cercare di capire come gli altri vivono certe situazioni, e rispondere con sensibilità ai loro bisogni emotivi. Questo crea un legame più profondo e favorisce relazioni più forti e durature.

- **Fai domande**: Chiedi come si sentono realmente le persone, soprattutto in situazioni difficili.

- **Rispetta le emozioni**: Non sminuire o giudicare le emozioni altrui, anche se non le comprendi appieno.

3. COSTRUISCI FIDUCIA RECIPROCA

La fiducia è il pilastro di ogni relazione solida. Per costruirla, è importante essere coerenti e affidabili nel tempo. Mantieni le promesse, sii sincero e dimostra integrità in ciò che fai. La fiducia si costruisce lentamente, ma può essere distrutta rapidamente, quindi è importante agire sempre con trasparenza e lealtà.

- **Mostra vulnerabilità**: Aprirsi agli altri e mostrare le proprie fragilità può aiutare a costruire fiducia. Le persone tendono a sentirsi più vicine quando percepiscono sincerità e autenticità.

- **Rispetta i confini**: Riconosci e rispetta i limiti emotivi o personali degli altri, evitando di forzare situazioni che potrebbero compromettere la fiducia.

4. DEDICA TEMPO DI QUALITÀ

Il tempo passato insieme è essenziale per coltivare una relazione. Non si tratta solo di quantità, ma di qualità. Trova momenti in cui puoi dedicarti completamente alla persona, senza distrazioni. Che sia una serata fuori, una conversazione profonda o semplicemente una passeggiata, il tempo di qualità rafforza il legame e ti permette di conoscere meglio l'altro.

- **Stai presente**: Quando sei con qualcuno, cerca di non distrarti con il telefono o altre attività. La presenza e l'attenzione sono regali preziosi nelle relazioni.

- **Crea rituali condivisi**: Attività ricorrenti come cene settimanali, vacanze annuali o serate dedicate solo a voi due possono aiutare a mantenere vivo il rapporto.

5. GESTISCI I CONFLITTI IN MODO SANO

I conflitti sono inevitabili in qualsiasi relazione, ma il modo in cui li gestisci fa la differenza. Evita di reagire in modo impulsivo o aggressivo, e invece cerca di affrontare i disaccordi con calma e rispetto. Trova soluzioni che siano vantaggiose per entrambe le parti e, quando possibile, cerca di trasformare i conflitti in opportunità di crescita e comprensione reciproca.

- **Non accusare**: Usa frasi che esprimono i tuoi sentimenti, come "Mi sento..." piuttosto che "Tu fai sempre...". Questo rende la conversazione meno difensiva.

- **Sii disposto a scendere a compromessi**: Le relazioni sane sono fatte di compromessi. Cerca un terreno comune dove entrambi possiate sentirvi ascoltati e rispettati.

6. SOSTIENI E CELEBRA GLI ALTRI

Mostrare sostegno è una delle chiavi per costruire relazioni forti. Sii presente nei momenti di difficoltà, offrendo ascolto e comprensione, ma anche nei momenti di gioia e successo. Celebra le vittorie degli altri come fossero tue e dimostra che sei lì per loro nei momenti che contano.

- **Riconosci i successi altrui**: Anche piccoli successi meritano di essere celebrati. Mostra entusiasmo e felicità per le conquiste degli altri.

- **Offri sostegno in modo genuino**: A volte, la cosa più preziosa che puoi fare è essere presente e offrire il tuo supporto senza aspettarti nulla in cambio.

7. FAI GESTI DI GENTILEZZA

Piccoli gesti di gentilezza possono avere un grande impatto nelle relazioni. Che si tratti di fare un favore inaspettato, lasciare un messaggio affettuoso o offrire una mano quando l'altro è in difficoltà, questi gesti rafforzano il legame e fanno sentire le persone apprezzate e amate.

- **Sorprendi gli altri**: Piccole sorprese, come un caffè, un regalo o una nota di incoraggiamento, possono migliorare il giorno di qualcuno e rafforzare la connessione.

- **Esprimi gratitudine**: Dire "grazie" sinceramente e frequentemente mostra che non dai per scontato il loro affetto o aiuto.

8. RISPETTA L'INDIVIDUALITÀ

Anche nelle relazioni più strette, è importante rispettare l'individualità e lo spazio personale degli altri. Le persone hanno bisogno di tempo per sé stesse e delle proprie passioni per sentirsi complete. Incoraggia chi ti sta vicino a seguire i propri interessi e a coltivare la propria crescita personale, senza percepire questo come una minaccia alla relazione.

- **Dai spazio**: Capisci quando l'altro ha bisogno di tempo per sé e rispetta quei momenti.

- **Sii un supporto per i sogni altrui**: Invece di sentirti minacciato o trascurato, sostieni e incoraggia le persone a perseguire i loro obiettivi individuali.

9. SII PAZIENTE

La pazienza è una qualità chiave nelle relazioni. Ogni persona ha i propri ritmi di crescita, le proprie emozioni e il proprio modo di affrontare le sfide. Essere pazienti significa dare spazio agli altri per esprimersi e affrontare le loro difficoltà senza pressione o giudizio.

- **Aspetta con rispetto**: A volte, gli altri possono non essere pronti ad affrontare certi argomenti o cambiamenti. Concedi loro il tempo necessario senza insistere.

- **Evita la reattività immediata**: Se ti senti irritato o frustrato, prendi un momento per riflettere prima di reagire, in modo da rispondere in modo più consapevole e pacato.

10. IMPARA A CHIEDERE SCUSA

Nessuno è perfetto, e tutti commettiamo errori. Saper chiedere scusa in modo sincero è una delle qualità più importanti per mantenere relazioni sane. Ammettere i propri errori e mostrare il desiderio di rimediare dimostra maturità emotiva e il valore che attribuisci alla relazione.

- **Chiedi scusa senza giustificazioni**: Ammetti i tuoi errori senza cercare di spiegare o giustificare le tue azioni.

- **Dimostra con i fatti**: Non basta dire "scusa"; è importante dimostrare con azioni che intendi migliorare e non ripetere gli stessi errori.

BENEFICI DI MIGLIORARE LE TUE RELAZIONI:

- **Maggiore felicità**: Relazioni sane e appaganti contribuiscono in modo significativo al tuo benessere emotivo e alla tua felicità generale.

- **Rete di supporto**: Le persone che ti circondano possono offrire supporto nei momenti difficili, darti consigli preziosi o semplicemente essere presenti per te.

- **Riduzione dello stress**: Avere relazioni solide ti aiuta a gestire meglio lo stress e a sentirti meno isolato.

- **Sviluppo personale**: Migliorare le relazioni richiede anche una crescita interna, come imparare ad essere più empatici, pazienti e comprensivi.

In sintesi, migliorare le tue relazioni richiede impegno e consapevolezza, ma i benefici che ne derivano arricchiranno ogni aspetto della tua vita.

Continuare a migliorare le relazioni personali

richiede una riflessione continua e un approccio equilibrato che rispetti sia le proprie esigenze che quelle degli altri. Ecco alcune ulteriori strategie per rafforzare i legami con le persone a cui tieni:

11. FLESSIBILITÀ E ADATTABILITÀ

Le relazioni cambiano nel tempo. Circostanze come cambiamenti lavorativi, trasferimenti o nuove fasi della vita possono influenzare il modo in cui le persone interagiscono. Essere flessibili e capaci di adattarsi a queste trasformazioni è essenziale per mantenere una relazione sana. Accetta che le cose non saranno sempre come all'inizio e che la crescita personale e collettiva richiede compromessi e accettazione dei cambiamenti.

- **Accogli il cambiamento**: Piuttosto che resistere alle trasformazioni nella relazione, cerca di capire come possono essere sfruttate per rafforzare il legame.

- **Adatta le aspettative**: Man mano che le circostanze cambiano, è importante rivedere le aspettative reciproche e mantenere una comunicazione aperta su ciò che ciascuno desidera dalla relazione.

12. RICONOSCI L'IMPORTANZA DEL PERDONO

Nessuno è perfetto, e inevitabilmente ci saranno momenti di conflitto o delusione. Il perdono è un atto cruciale per superare queste difficoltà e mantenere la relazione su basi solide. Tuttavia, il perdono autentico implica la volontà di lasciar andare il risentimento e non rinfacciare gli errori passati. Non si tratta di dimenticare, ma di permettere alla relazione di andare avanti senza rancori.

- **Crea un clima di apertura al perdono**: Riconosci che entrambi potete sbagliare, e stabilisci che il perdono è una parte importante del vostro rapporto.

- **Perdona te stesso**: A volte, migliorare le relazioni implica anche perdonare i tuoi errori, imparare da essi e non colpevolizzarti eccessivamente.

13. SII COERENTE

La coerenza è un aspetto fondamentale della fiducia. Essere presenti in modo costante, nel bene e nel male, aiuta a far sentire l'altra persona sicura nel rapporto. Anche se la vita è piena di imprevisti, cercare di essere coerenti nelle parole e nelle azioni rafforza la solidità della relazione.

- **Mantieni le tue promesse**: Se dici che farai qualcosa, assicurati di mantenerla. Le parole senza azioni coerenti possono erodere la fiducia.

- **Essere prevedibili in modo positivo**: Le persone apprezzano sapere che possono contare su di te, sia per il supporto emotivo che per la presenza fisica.

14. AFFRONTA LE RELAZIONI TOSSICHE

Migliorare le relazioni non significa
solo coltivare quelle positive, ma anche
affrontare quelle che possono essere dannose
o tossiche. A volte, una relazione può
drenare energia e causare stress emotivo.
In questi casi, è importante riconoscere
i segnali di una relazione tossica, come
manipolazione, controllo e mancanza di
rispetto reciproco, e decidere se vale la
pena cercare di migliorarla o porvi fine.

- **Riconosci i segni della tossicità**:
Se una relazione è costantemente
negativa e ti fa sentire peggio anziché
meglio, potrebbe essere il momento di
rivalutare il suo valore nella tua vita.

- **Imposta limiti chiari**: Se decidi
di continuare una relazione che ha
aspetti negativi, imposta dei confini
sani per proteggerti e prevenire
ulteriori danni emotivi.

15. IMPARA A DIRE DI NO

Un aspetto spesso sottovalutato nelle relazioni è la capacità di dire di no in modo rispettoso. Non sempre possiamo accontentare gli altri, e mettere i propri limiti è un atto di rispetto sia verso se stessi che verso l'altro. Dire di no quando è necessario evita il risentimento e mantiene la relazione autentica.

- **Esprimi i tuoi limiti con chiarezza**: Spiega il motivo del tuo no in modo empatico, affinché l'altra persona possa capire che non è un rifiuto personale ma una necessità.

- **Non sentirti in colpa**: Dire di no quando è necessario non ti rende una persona egoista, ma una persona che sa preservare il proprio benessere.

16. FAI EVOLVERE LA RELAZIONE

Le relazioni, come le persone, devono evolvere per rimanere vitali e significative. Ciò significa che è importante riflettere costantemente sullo stato della relazione e cercare nuovi modi per crescere insieme. Questo può includere esplorare nuove attività comuni, affrontare nuove sfide o semplicemente parlare delle reciproche aspirazioni e desideri futuri.

- **Stabilisci nuovi obiettivi comuni**: Ad esempio, potete pianificare insieme nuove esperienze, come viaggi o progetti, che rafforzino il legame e vi permettano di evolvere insieme.

- **Condividi aspirazioni e desideri**: Mantieni viva la curiosità verso l'altro, parlando di progetti futuri o di sogni ancora non realizzati.

17. IMPARA A DARE E RICEVERE AMORE

Ognuno esprime e riceve amore in modi diversi. Alcuni lo fanno attraverso parole di affermazione, altri tramite gesti concreti o atti di servizio. Imparare a riconoscere il linguaggio dell'amore della persona con cui hai una relazione ti aiuterà a soddisfare meglio i suoi bisogni emotivi. Allo stesso modo, è importante comunicare come preferisci ricevere amore e affetto.

- **Identifica il linguaggio dell'amore dell'altro**: Osserva come la persona mostra il proprio affetto. Ad esempio, qualcuno potrebbe preferire gesti pratici come aiutare nelle faccende quotidiane, mentre un altro potrebbe apprezzare più le parole di affetto.

- **Comunica il tuo bisogno**: Fai sapere come ti senti più amato, in modo che l'altra persona possa capirti meglio e rispondere ai tuoi bisogni.

18. ESPLORA LA VULNERABILITÀ

La vulnerabilità è una componente cruciale di una relazione profonda. Mostrare il proprio lato vulnerabile – le proprie paure, insicurezze e speranze – crea una connessione autentica e sincera. Questo può essere difficile, poiché richiede il coraggio di essere visti per chi sei realmente, ma è essenziale per costruire una relazione basata sull'autenticità.

- **Esprimi le tue preoccupazioni e paure**: Condividere le proprie incertezze può rafforzare la comprensione reciproca e far sentire l'altro più vicino a te.

- **Accogli la vulnerabilità dell'altro**: Quando qualcuno ti mostra il proprio lato vulnerabile, accoglilo con empatia e rispetto, senza giudicare o minimizzare i suoi sentimenti.

19. CERCA SUPPORTO ESTERNO QUANDO NECESSARIO

In alcune situazioni, può essere utile cercare l'aiuto di un consulente o di un terapeuta per migliorare le relazioni, specialmente se ci sono problemi ricorrenti o conflitti profondi. La terapia di coppia o familiare, ad esempio, può offrire strumenti e strategie per comunicare meglio, affrontare i conflitti in modo sano e ricostruire la fiducia.

- **Non avere paura di chiedere aiuto**: Ammettere che una relazione ha bisogno di aiuto non è un segno di debolezza, ma di desiderio di migliorare.

- **Approfitta delle risorse esterne**: Libri, workshop o corsi possono aiutarti a migliorare le tue competenze relazionali.

CONCLUSIONE:

Migliorare le relazioni richiede impegno, autoconsapevolezza e volontà di crescere insieme agli altri. Non si tratta di raggiungere la perfezione, ma di coltivare legami autentici, basati su fiducia, comunicazione e rispetto reciproco. Relazioni più forti e sane non solo rendono la vita più felice, ma forniscono anche il supporto emotivo necessario per affrontare le sfide e godere dei momenti di successo.

"Impara qualcosa di nuovo"

E' un principio fondamentale per la crescita personale e il benessere a lungo termine. Imparare nuove competenze, acquisire nuove conoscenze o esplorare nuovi interessi non solo arricchisce la tua vita, ma stimola anche la tua mente e contribuisce a una maggiore soddisfazione personale. Ecco perché e come puoi trarre il massimo beneficio dall'apprendimento continuo:

1. STIMOLA LA MENTE

Imparare qualcosa di nuovo stimola il cervello,
migliorando la memoria e le capacità cognitive.
Questo processo, noto come neuroplasticità,
implica che il cervello formi nuove connessioni
neuronali e mantenga la sua plasticità,
ovvero la capacità di adattarsi e cambiare.
Imparare nuove abilità può quindi aiutare
a mantenere il cervello attivo e giovane.

- **Sfida cognitiva**: Ogni volta che
  affronti una nuova materia o
  competenza, il cervello è costretto a
  lavorare in modo diverso, migliorando
  la tua capacità di risolvere problemi
  e di pensare criticamente.

- **Previeni il declino cognitivo**: Attività
  come imparare una nuova lingua, suonare
  uno strumento musicale o studiare
  una nuova disciplina possono ridurre il
  rischio di malattie neurodegenerative e
  migliorare le funzioni cognitive nel tempo.

2. INCREMENTA L'AUTOEFFICACIA

Acquisire nuove competenze aumenta la tua autoefficacia, ovvero la fiducia nelle tue capacità di affrontare e superare le sfide. Ogni volta che raggiungi un obiettivo legato all'apprendimento, aumenti la tua autostima e la convinzione di poter affrontare altre sfide.

- **Fai piccoli passi**: Inizia con obiettivi di apprendimento raggiungibili e gradualmente aumenta la complessità. Ogni successo incrementale costruisce la tua fiducia.

- **Riconosci i tuoi successi**: Celebra le tue conquiste e riflettici sopra per comprendere come l'apprendimento ha rafforzato la tua fiducia in te stesso.

3. ESPANDI LE TUE OPPORTUNITÀ

L'apprendimento continuo apre a nuove opportunità personali e professionali. Acquisire nuove competenze può migliorare le tue prospettive di carriera, aumentare le tue opportunità di networking e renderti più versatile e adattabile nel mondo del lavoro.

- **Esplora nuove carriere**: Imparare nuove competenze può aprire a cambiamenti di carriera o a nuove specializzazioni che potrebbero essere più appaganti o lucrative.

- **Crea connessioni**: Partecipare a corsi, workshop o gruppi di studio può aiutarti a connetterti con persone che condividono i tuoi interessi, ampliando la tua rete professionale e sociale.

4. MIGLIORA IL BENESSERE EMOTIVO

L'apprendimento può avere un impatto positivo sul benessere emotivo, fornendo un senso di realizzazione e soddisfazione. Imparare qualcosa di nuovo può anche fungere da distrazione positiva da preoccupazioni quotidiane e stress, offrendo una forma di auto-espressione e creatività.

- **Impegnati in hobby**: Scegliere di imparare qualcosa per puro piacere, come cucinare, dipingere o scrivere, può fornire una significativa soddisfazione personale e una fuga dalle pressioni quotidiane.

- **Rafforza la resilienza**: Affrontare le difficoltà associate all'apprendimento di una nuova competenza ti insegna a gestire lo stress e a perseverare di fronte alle sfide.

5. COLTIVA LA CURIOSITÀ E LA CREATIVITÀ

Imparare nuove cose stimola la curiosità naturale e la creatività. Esplorare nuovi campi e interessi ti incoraggia a pensare in modo diverso e a vedere il mondo sotto nuove prospettive, il che può arricchire le tue esperienze e ispirare nuove idee.

- **Sperimenta nuove attività**: Prova nuove attività o argomenti che non hai mai considerato prima. La varietà alimenta la curiosità e promuove il pensiero innovativo.

- **Integra diverse conoscenze**: Combina le competenze apprese in modi creativi per risolvere problemi o affrontare sfide in modo unico.

6. PROMUOVE L'APPRENDIMENTO CONTINUO

L'acquisizione di nuove competenze dovrebbe essere vista come un processo continuo piuttosto che come un obiettivo finale. Adottare una mentalità di apprendimento continuo ti aiuta a rimanere aggiornato e a mantenere una mentalità aperta alle nuove esperienze e conoscenze.

- **Imposta obiettivi di apprendimento a lungo termine**: Stabilisci obiettivi per l'apprendimento continuo e cerca sempre nuove aree di crescita personale e professionale.

- **Sii proattivo**: Cerca attivamente opportunità di apprendimento, come corsi online, letture, seminari e eventi educativi.

7. APPROFITTA DELLE RISORSE MODERNE

Oggi abbiamo accesso a una vasta gamma di risorse per l'apprendimento, che spaziano dai corsi online ai podcast, ai video tutorial e alle app educative. Approfitta di queste risorse per apprendere in modo flessibile e personalizzato, adattando l'apprendimento ai tuoi ritmi e alle tue preferenze.

- **Utilizza le piattaforme online**: Approfitta di piattaforme come Coursera, Udemy o Khan Academy per accedere a corsi su una vasta gamma di argomenti.

- **Partecipa a webinar e workshop**: I webinar e i workshop offrono opportunità per apprendere direttamente da esperti e interagire con altri studenti.

8. INCORAGGIA L'APPRENDIMENTO SOCIALE

Imparare insieme ad altre persone può arricchire l'esperienza e fornire supporto reciproco. Gruppi di studio, corsi di gruppo e discussioni informali possono offrire diverse prospettive e migliorare la comprensione del materiale.

- **Partecipa a gruppi di interesse**: Unisciti a gruppi di studio o club che si concentrano su argomenti che ti interessano.

- **Collabora con altri**: Lavora su progetti comuni o partecipa a discussioni per sfruttare la conoscenza collettiva e approfondire la tua comprensione.

9. AFFRONTA LE SFIDE COME OPPORTUNITÀ

Considera le difficoltà che incontri durante il processo di apprendimento come opportunità di crescita piuttosto che come ostacoli. Ogni sfida superata ti rende più forte e più competente, e può offrirti nuove prospettive sul tuo percorso di apprendimento.

- **Accogli le difficoltà**: Riconosci che le sfide sono parte del processo e utilizzale per migliorare la tua resilienza e le tue capacità di problem solving.

- **Rifletti sui tuoi progressi**: Considera come ogni difficoltà ti ha aiutato a crescere e a migliorare le tue competenze.

CONCLUSIONE

Imparare qualcosa di nuovo è un modo potente per stimolare la mente, incrementare l'autoefficacia, espandere le opportunità e migliorare il benessere emotivo. Abbraccia l'apprendimento continuo come un viaggio senza fine che arricchisce la tua vita in molti modi. Ogni nuova competenza acquisita, ogni nuova conoscenza appresa, non solo ti prepara ad affrontare il futuro con maggiore fiducia, ma ti offre anche una maggiore comprensione e apprezzamento del mondo che ti circonda.

10. SVILUPPA LA RESILIENZA ATTRAVERSO L'APPRENDIMENTO

Imparare qualcosa di nuovo spesso implica affrontare frustrazioni e fallimenti iniziali. Questo processo può insegnarti la resilienza, ovvero la capacità di riprendersi e perseverare di fronte alle difficoltà. Affrontare le sfide dell'apprendimento e superarle ti aiuta a sviluppare una mentalità di crescita che può essere applicata anche ad altre aree della tua vita.

- **Accetta l'inevitabilità degli errori**: Riconosci che gli errori fanno parte del processo di apprendimento e usali come opportunità di crescita anziché come battute d'arresto.

- **Impara dall'esperienza**: Ogni fallimento ti offre lezioni preziose. Rifletti su cosa è andato storto e su come puoi migliorare la tua strategia per il futuro.

11. AMPLIA LA TUA RETE SOCIALE

L'apprendimento di nuove competenze e la partecipazione a corsi ti offrono l'opportunità di incontrare persone con interessi simili e di ampliare la tua rete sociale. Costruire relazioni con altri studenti o professionisti nel tuo campo di interesse può portare a nuove opportunità, idee e collaborazioni.

- **Partecipa a eventi di networking**: Cerca conferenze, seminari e meetups che ti permettano di connetterti con persone che condividono i tuoi interessi.

- **Unisciti a gruppi o club**: I gruppi di studio o i club di interesse possono offrirti l'opportunità di costruire relazioni significative e di apprendere insieme ad altri.

12. ESPLORA DIVERSE MODALITÀ DI APPRENDIMENTO

Non tutti apprendono nello stesso modo, e scoprire quale metodo funziona meglio per te può rendere l'apprendimento più efficace e piacevole. Esplora varie modalità, come lettura, ascolto, pratico o visivo, e adatta il tuo approccio in base alle tue preferenze e ai tuoi obiettivi.

- **Sperimenta con diverse risorse**: Prova libri, corsi online, video tutorial, podcast e altre risorse per capire quale formato ti aiuta a comprendere meglio il materiale.

- **Utilizza metodi pratici**: Applicare ciò che hai imparato attraverso esercizi pratici o progetti può rafforzare la tua comprensione e abilità.

13. COLTIVA LA CURIOSITÀ INNATA

La curiosità è un motore potente per l'apprendimento. Coltiva la tua curiosità naturale ponendo domande, esplorando argomenti che ti affascinano e non temendo di andare oltre la superficie di ciò che già sai.

- **Fai domande**: Non avere paura di chiedere "perché" e "come". Le domande stimolano la ricerca e la scoperta di nuove informazioni.

- **Sii aperto all'ignoto**: Approcciati a nuovi argomenti con mente aperta, senza preconcetti, e lascia che la curiosità guidi la tua esplorazione.

14. INTEGRA L'APPRENDIMENTO NELLA VITA QUOTIDIANA

L'apprendimento non deve limitarsi a corsi formali o a sessioni di studio dedicate. Puoi integrare l'apprendimento nella tua routine quotidiana attraverso letture, documentari, conversazioni stimolanti e altre attività che arricchiscono la tua conoscenza.

- **Leggi regolarmente**: Dedica tempo alla lettura di libri, articoli e riviste su argomenti che ti interessano o che desideri approfondire.

- **Ascolta e osserva**: Approfitta di podcast, audiolibri e documentari per apprendere mentre svolgi altre attività, come durante i tragitti quotidiani o l'esercizio fisico.

15. IMPARA A PARTIRE DA FEEDBACK

Ricevere e accettare feedback è una parte essenziale del processo di apprendimento. Il feedback ti fornisce prospettive esterne sul tuo progresso e ti aiuta a identificare aree di miglioramento che potresti non notare da solo.

- **Chiedi feedback**: Non aspettare che il feedback venga da solo; chiedilo attivamente a insegnanti, mentori o colleghi.

- **Utilizza il feedback costruttivamente**: Rifletti sul feedback ricevuto e usa le critiche costruttive per migliorare le tue competenze e conoscenze.

16. APPLICA CIÒ CHE HAI IMPARATO

L'applicazione pratica delle nuove competenze e conoscenze è fondamentale per consolidare l'apprendimento. Cerca opportunità per mettere in pratica ciò che hai appreso, sia attraverso progetti personali che professionali.

- **Crea progetti personali**: Applicare ciò che hai imparato in progetti personali ti aiuta a rinforzare le tue competenze e a vedere risultati tangibili.

- **Cerca opportunità professionali**: Se possibile, cerca modi per integrare le nuove competenze nel tuo lavoro o nella tua carriera.

17. IMPARA DAGLI ALTRI

Interagire con esperti e mentori nel campo che ti interessa può accelerare il tuo processo di apprendimento. Osservare come lavorano, chiedere loro consigli e apprendere dalle loro esperienze ti offre una prospettiva preziosa e accelera la tua crescita.

- **Trova un mentore**: Identifica qualcuno con esperienza e conoscenza nel tuo campo di interesse e chiedi loro di guidarti e consigliarti.

- **Partecipa a comunità di apprendimento**: Unisciti a forum, gruppi o associazioni professionali dove puoi apprendere da esperti e scambiare idee con altri appassionati.

18. FISSA OBIETTIVI DI APPRENDIMENTO

Definire obiettivi chiari per ciò che desideri apprendere può aiutarti a rimanere motivato e focalizzato. Stabilire traguardi specifici ti offre una direzione chiara e ti aiuta a monitorare i tuoi progressi.

- **Imposta obiettivi SMART**: Crea obiettivi Specifici, Misurabili, Achievable (Raggiungibili), Realistici e Temporizzati per monitorare i tuoi progressi e mantenere la motivazione.

- **Monitora i tuoi progressi**: Tieni traccia dei tuoi risultati e fai aggiustamenti ai tuoi obiettivi se necessario.

19. CELEBRA I TUOI SUCCESSI

Riconoscere e celebrare i tuoi successi nell'apprendimento ti offre un senso di realizzazione e ti motiva a continuare a progredire. Non sottovalutare l'importanza di festeggiare le tappe intermedie e i risultati ottenuti.

- **Festeggia i traguardi**: Riconosci le tue conquiste e festeggia i successi, sia grandi che piccoli.

- **Riflettici sopra**: Dedica del tempo per riflettere su quanto hai imparato e su come ti ha aiutato a crescere.

CONCLUSIONE

Imparare qualcosa di nuovo è una pratica continua che offre numerosi benefici personali e professionali. Stimola la mente, migliora la fiducia in te stesso, espande le opportunità e arricchisce la vita con nuove esperienze e conoscenze. Attraverso la curiosità, la perseveranza e l'applicazione pratica, puoi trasformare l'apprendimento in una risorsa preziosa per il tuo sviluppo personale e professionale.

20. SFRUTTA LE TECNOLOGIE EMERGENTI

Le tecnologie moderne offrono strumenti potenti per l'apprendimento. Dalle piattaforme di e-learning alle applicazioni educative, queste risorse possono facilitare e arricchire il processo di acquisizione di nuove competenze.

- **Utilizza app educative**: Esplora applicazioni che offrono corsi, quiz e esercizi interattivi su vari argomenti, come Duolingo per le lingue o Khan Academy per una varietà di materie.

- **Prova la realtà virtuale (VR)**: La VR offre esperienze immersive che possono aiutarti ad apprendere concetti complessi o praticare abilità in ambienti simulati.

21. IMPARA DAI FALLIMENTI

Il fallimento non è solo un ostacolo, ma un'opportunità di apprendimento. Analizzare i propri errori e le sconfitte ti permette di capire cosa è andato storto e come migliorare. Questo processo è essenziale per la crescita e per affinare le tue competenze.

- **Rifletti sugli errori**: Dedica del tempo a capire perché qualcosa non ha funzionato come previsto e cosa puoi fare diversamente in futuro.

- **Adotta una mentalità di apprendimento**: Considera ogni fallimento come un passo verso il successo, piuttosto che come una sconfitta definitiva.

22. INTEGRA L'APPRENDIMENTO NELLA ROUTINE QUOTIDIANA

Non è necessario dedicare lunghe ore ogni giorno all'apprendimento. Puoi integrare piccole sessioni di studio e pratica nella tua routine quotidiana per ottenere progressi costanti senza sentirti sopraffatto.

- **Sfrutta i tempi morti**: Usa il tempo libero durante i tragitti o le pause per ascoltare podcast, leggere articoli o fare esercizi di apprendimento.

- **Fissa sessioni brevi**: Dedica anche solo 15-30 minuti al giorno all'apprendimento per mantenere una routine regolare e costante.

23. SVILUPPA ABILITÀ TRASVERSALI

Imparare nuove competenze non riguarda solo l'acquisizione di conoscenze specifiche, ma anche lo sviluppo di abilità trasversali che possono essere applicate in vari contesti. Queste competenze, come il pensiero critico, la gestione del tempo e la comunicazione efficace, sono preziose in ogni ambito della vita.

- **Focalizzati sulle soft skills**: Lavora su competenze come la comunicazione, la gestione del tempo e la risoluzione dei problemi.

- **Applicale in contesti diversi**: Usa queste abilità in varie situazioni, sia personali che professionali, per massimizzare il loro impatto.

24. CREA UN PIANO DI APPRENDIMENTO PERSONALIZZATO

Un piano di apprendimento personalizzato ti aiuta a organizzare e seguire il tuo percorso educativo in modo strutturato. Definire le tue priorità e i tuoi obiettivi ti permette di concentrarti su ciò che è più rilevante per te.

- **Stabilisci priorità**: Identifica quali competenze o conoscenze sono più importanti per i tuoi obiettivi personali o professionali e focalizzati su di esse.

- **Organizza il tuo tempo**: Pianifica le sessioni di studio e le attività di apprendimento in modo che si integrino bene nella tua routine quotidiana.

25. COLTIVA UNA MENTALITÀ DI CURIOSITÀ

Una mentalità di curiosità ti spinge a esplorare, scoprire e apprendere continuamente. Essere curiosi significa essere disposti a mettersi in gioco, a fare domande e a cercare risposte al di fuori della tua zona di comfort.

- **Fai domande stimolanti**: Cerca di esplorare "perché" e "come" riguardo a vari argomenti per stimolare la tua curiosità.

- **Esplora nuovi argomenti**: Non limitarti solo ai tuoi interessi principali; esplora anche aree diverse per ampliare la tua comprensione del mondo.

26. MONITORA I TUOI PROGRESSI

Tenere traccia dei tuoi progressi ti permette di vedere quanto hai imparato e di rimanere motivato. Utilizza strumenti come diari di apprendimento, app di monitoraggio o semplicemente una lista di obiettivi per registrare le tue conquiste.

- **Tieni un diario di apprendimento**: Annota le nuove conoscenze e competenze acquisite, così come le sfide affrontate e le soluzioni trovate.

- **Rivedi regolarmente i tuoi obiettivi**: Valuta i tuoi progressi rispetto agli obiettivi fissati e adatta il tuo piano se necessario.

27. INCORAGGIA L'APPRENDIMENTO AUTODIRETTO

L'apprendimento autodiretto ti permette di prendere l'iniziativa nella tua formazione. Stabilire il tuo ritmo e scegliere le risorse che meglio si adattano alle tue esigenze ti consente di essere più autonomo e motivato.

- **Scegli risorse che ti ispirano**: Seleziona materiali di studio che trovi stimolanti e coinvolgenti.

- **Autovaluta i tuoi progressi**: Fai auto-valutazioni regolari per determinare quanto hai appreso e dove hai bisogno di migliorare.

28. SII PAZIENTE CON TE STESSO

L'apprendimento è un processo continuo che richiede tempo e pazienza. Non aspettarti di padroneggiare immediatamente una nuova competenza o di acquisire nuove conoscenze senza difficoltà.

- **Accetta il processo di apprendimento**: Riconosci che acquisire nuove competenze richiede tempo e pratica e che è normale fare errori lungo il percorso.

- **Mantieni una mentalità positiva**: Celebra i tuoi progressi e rimani motivato anche quando affronti difficoltà.

29. COLLEGA L'APPRENDIMENTO ALLA VITA QUOTIDIANA

Cerca di collegare ciò che impari alle esperienze quotidiane per rendere l'apprendimento più rilevante e applicabile. Applicare le nuove conoscenze a situazioni reali ti aiuterà a consolidare ciò che hai appreso.

- **Crea progetti pratici**: Usa le competenze acquisite per affrontare progetti personali o professionali che ti interessano.

- **Rifletti sulle esperienze quotidiane**: Cerca modi per applicare le nuove conoscenze o competenze nelle attività di tutti i giorni.

30. RIMANI APERTO AI CAMBIAMENTI

Il mondo cambia rapidamente, e così anche le richieste di competenze e conoscenze. Essere aperti ai cambiamenti e disposti ad adattarsi ti aiuterà a rimanere rilevante e a continuare a crescere.

- **Adatta le tue competenze**: Rivedi e aggiorna le tue competenze e conoscenze per rispondere alle nuove esigenze e opportunità.

- **Sii flessibile**: Accogli le nuove tecnologie e tendenze come opportunità di crescita e apprendimento.

CONCLUSIONE

Imparare qualcosa di nuovo è una pratica continua e vitale che arricchisce la tua vita in numerosi modi. Stimola il cervello, promuove la resilienza, apre nuove opportunità e contribuisce al benessere emotivo. Adottando una mentalità di curiosità, utilizzando risorse moderne e monitorando i tuoi progressi, puoi rendere l'apprendimento una parte integrale e gratificante della tua vita quotidiana. Ogni nuova competenza acquisita e ogni nuova conoscenza appresa ti preparano a affrontare il futuro con maggiore fiducia e capacità, arricchendo al contempo la tua esperienza di vita.

AFFRONTA LE TUE PAURE

è un principio cruciale per la crescita personale e il miglioramento della qualità della vita. Le paure, sebbene naturali e spesso protettive, possono diventare barriere che impediscono il progresso e limitano le opportunità. Affrontare e superare le proprie paure può portare a una maggiore fiducia in sé, a nuove esperienze e a una vita più soddisfacente. Ecco un approfondimento su come affrontare le tue paure in modo efficace:

1. RICONOSCI LE TUE PAURE

Il primo passo per affrontare le tue paure è riconoscerle e accettarle. Questo significa essere onesti con te stesso riguardo a cosa ti spaventa e perché. La consapevolezza è fondamentale per affrontare le paure in modo costruttivo.

- **Fai un elenco delle tue paure**: Scrivi tutte le cose che ti spaventano, grandi o piccole. Questo ti aiuterà a visualizzare e comprendere meglio le tue preoccupazioni.

- **Analizza le radici**: Cerca di capire da dove derivano queste paure. Sono basate su esperienze passate, influenze culturali o preoccupazioni future?

2. VALUTA IL RISCHIO REALE

Le paure spesso derivano da una percezione esagerata del rischio. Valutare il rischio reale rispetto alla tua paura può aiutarti a vedere le cose in una prospettiva più equilibrata e a ridurre l'ansia associata.

- **Fai un'analisi dei rischi**: Esamina quanto sia probabile che il tuo timore si verifichi e quali sono le conseguenze reali. Questo può aiutarti a mettere le cose in prospettiva.

- **Paragona le tue paure con la realtà**: Riflette su quanto il tuo timore possa essere più grave di quanto la realtà dimostri e cerca dati concreti che confermino o confutino la tua paura.

3. AFFRONTA LE PAURE GRADUALMENTE

Affrontare una paura in modo graduale e sistematico può essere più efficace rispetto a un confronto diretto e improvviso. Questo approccio aiuta a costruire fiducia e a ridurre l'ansia progressivamente.

- **Scomponi la paura in passi piccoli**: Se hai paura di parlare in pubblico, inizia parlando davanti a piccoli gruppi prima di passare a contesti più ampi.

- **Affronta le paure in modo controllato**: Esporsi alle proprie paure in ambienti sicuri e controllati può ridurre l'ansia e facilitare il processo di superamento.

4. USA TECNICHE DI RILASSAMENTO

Le tecniche di rilassamento possono aiutarti a gestire l'ansia e la paura, permettendoti di affrontare le situazioni spaventose con una mente più calma e concentrata.

- **Pratica la respirazione profonda**: Tecniche di respirazione come la respirazione diaframmatica possono aiutarti a ridurre l'ansia e a mantenere la calma.

- **Meditazione e mindfulness**: La meditazione e la mindfulness possono aiutarti a restare presente e a non farti sopraffare dalle preoccupazioni future.

5. CREA UN PIANO D'AZIONE

Avere un piano d'azione chiaro può darti una sensazione di controllo e ridurre l'incertezza legata alle tue paure. Un piano ben definito ti guida passo dopo passo e ti aiuta a mantenere la concentrazione.

- **Definisci obiettivi concreti**: Stabilisci obiettivi specifici per affrontare le tue paure e crea un piano dettagliato per raggiungerli.

- **Monitora i tuoi progressi**: Tieni traccia dei tuoi progressi verso il superamento delle tue paure e adatta il piano se necessario.

6. CERCA SUPPORTO

Parlare delle tue paure con altre persone può offrirti supporto emotivo e consigli preziosi. Non devi affrontare le tue paure da solo; chiedere aiuto può rendere il processo più gestibile.

- **Condividi le tue paure con amici e familiari**: Parlare delle tue paure con persone fidate può alleviare l'ansia e offrirti nuove prospettive.

- **Cerca l'aiuto di professionisti**: Un terapeuta o un counselor può aiutarti a esplorare le radici delle tue paure e a sviluppare strategie per affrontarle.

7. SFIDA LE TUE CONVINZIONI LIMITANTI

Le paure spesso derivano da convinzioni limitanti su te stesso e sul mondo. Sfida queste convinzioni e cerca di sostituirle con pensieri più realistici e positivi.

- **Identifica le convinzioni limitanti**: Rifletti su quali credenze stanno alimentando le tue paure e valuta quanto siano basate su fatti concreti.

- **Sostituisci le convinzioni negative**: Lavora per sostituire le convinzioni limitanti con affermazioni positive e realistici riguardo alle tue capacità e alle possibilità.

8. CELEBRA I TUOI SUCCESSI

Ogni volta che affronti una paura e riesci a superarla, celebra il tuo successo. Riconoscere e celebrare i tuoi progressi ti motiva a continuare e rafforza la tua autostima.

- **Premiati per i progressi**: Celebra i tuoi successi, anche quelli piccoli, per riconoscere i tuoi progressi e rafforzare la tua motivazione.

- **Rifletti sui successi**: Prenditi del tempo per riflettere su come hai affrontato e superato le tue paure, e su come questo ti ha aiutato a crescere.

9. RIVEDI E ADATTA LE TUE STRATEGIE

Affrontare le paure è un processo dinamico e potrebbe essere necessario rivedere e adattare le tue strategie man mano che procedi. Essere flessibile ti aiuta a rispondere meglio alle sfide e a trovare nuove soluzioni.

- **Adatta le tue tecniche**: Se una strategia non funziona come previsto, valuta alternative e modifica il tuo approccio.

- **Sii aperto al cambiamento**: Essere disposto a cambiare e ad adattarsi ti aiuta a rimanere motivato e a trovare il metodo più efficace per te.

10. SII PAZIENTE CON TE STESSO

Il superamento delle paure è un processo che richiede tempo e pazienza. Non aspettarti risultati immediati e non essere troppo duro con te stesso se non vedi progressi rapidi.

- **Accetta il tempo necessario**: Riconosci che affrontare le paure è un viaggio e che ogni piccolo passo avanti è un progresso.

- **Mantieni una mentalità positiva**: Continua a incoraggiarti e a riconoscere che il progresso, anche se lento, è comunque un segno di crescita.

CONCLUSIONE

Affrontare le tue paure è un passo essenziale verso la crescita personale e il miglioramento della qualità della vita. Riconoscere, valutare e affrontare le tue paure con strategie efficaci può portare a una maggiore fiducia in te stesso e a nuove opportunità. Attraverso l'autoanalisi, il supporto esterno, e una pratica paziente e graduale, puoi superare le tue paure e vivere una vita più piena e soddisfacente.

11. SVILUPPA UNA MENTALITÀ DI CRESCITA

Adottare una mentalità di crescita significa vedere le sfide, comprese le paure, come opportunità per crescere e migliorare. Questa prospettiva ti aiuta a rimanere motivato e a considerare ogni esperienza come una possibilità di apprendimento.

- **Accogli le sfide come opportunità**: Vedi le paure come opportunità per espandere i tuoi orizzonti e migliorare le tue competenze.

- **Rifletti sugli insegnamenti**: Dopo aver affrontato una paura, riflette su cosa hai imparato e come puoi applicare queste lezioni in futuro.

12. PRATICA LA GRATITUDINE

Coltivare un atteggiamento di gratitudine può aiutarti a mantenere una prospettiva positiva mentre affronti le tue paure. Riconoscere e apprezzare le cose positive nella tua vita può ridurre l'ansia e migliorare il tuo benessere complessivo.

- **Tieni un diario della gratitudine**: Annota quotidianamente le cose per cui sei grato. Questo ti aiuta a mantenere una visione positiva anche quando affronti le tue paure.

- **Condividi la gratitudine con gli altri**: Esprimi apprezzamento verso le persone che ti supportano nel tuo percorso di superamento delle paure.

13. UTILIZZA LA VISUALIZZAZIONE POSITIVA

La visualizzazione positiva è una tecnica potente per prepararti mentalmente ad affrontare le tue paure. Immaginare te stesso mentre affronti con successo le tue paure può aumentare la tua fiducia e ridurre l'ansia.

- **Visualizza il successo**: Immagina dettagliatamente te stesso mentre affronti e superi la tua paura con successo. Senti le emozioni positive associate a questo successo.

- **Usa la visualizzazione come preparazione**: Prima di affrontare una situazione spaventosa, dedica del tempo alla visualizzazione per prepararti mentalmente e migliorare le tue prestazioni.

14. AFFRONTA LE PAURE IN COMPAGNIA

Affrontare le tue paure con il supporto di altri può rendere il processo meno intimidatorio e più gestibile. La presenza di persone di supporto può offrire incoraggiamento e conforto.

- **Trova un partner di responsabilità**: Lavora con un amico o un mentore che possa offrirti supporto e incoraggiamento mentre affronti le tue paure.

- **Partecipa a gruppi di supporto**: Unisciti a gruppi o comunità che affrontano paure simili. Condividere esperienze e strategie può aiutarti a sentirti meno solo.

15. ACCETTA IL RISCHIO COME PARTE DEL PROCESSO

Affrontare le paure spesso implica accettare un certo livello di rischio. Riconoscere che il rischio fa parte del processo di crescita può aiutarti ad accettare e gestire meglio le tue paure.

- **Accetta il rischio calcolato**: Identifica i rischi reali e calcolati legati alle tue paure e accettali come parte del percorso di crescita.

- **Focalizzati sui benefici**: Considera i benefici a lungo termine che derivano dall'affrontare le tue paure e lascia che questi ti motivino a prendere il rischio.

16. RIVEDI LE TUE ESPERIENZE PASSATE

Esaminare le esperienze passate in cui hai affrontato e superato le tue paure può offrirti una preziosa prospettiva e motivazione. Riflettere sui tuoi successi passati può rinforzare la tua fiducia.

- **Analizza le esperienze precedenti**: Rifletti su come hai affrontato le sfide in passato e su cosa hai imparato da queste esperienze.

- **Usa i successi passati come motivazione**: Ricorda i tuoi successi passati per rafforzare la tua fiducia mentre affronti nuove paure.

17. SVILUPPA COMPETENZE DI COPING

Le competenze di coping ti aiutano a gestire lo stress e l'ansia associati alle paure. Sviluppare e praticare queste competenze può migliorare la tua capacità di affrontare e superare le tue paure.

- **Impara tecniche di gestione dello stress**: Tecniche come la meditazione, il rilassamento muscolare progressivo e la terapia cognitivo-comportamentale possono aiutarti a gestire lo stress e l'ansia.

- **Pratica regolarmente**: Integra queste tecniche nella tua routine quotidiana per migliorarc la tua capacità di affrontare le paure.

18. FAI UN PASSO ALLA VOLTA

Affrontare le tue paure può essere opprimente se tenti di fare troppo tutto in una volta. Procedere un passo alla volta ti aiuta a mantenere il controllo e a fare progressi più gestibili.

- **Scomponi i compiti complessi**: Dividi il processo di affrontare una paura in piccoli passi concreti e gestibili.

- **Celebra ogni piccolo successo**: Riconosci e celebra i piccoli progressi per mantenere alta la motivazione e il morale.

19. COLTIVA LA FIDUCIA IN TE STESSO

La fiducia in te stesso è essenziale per affrontare le paure. Lavorare per costruire e rinforzare la tua autostima ti aiuta ad affrontare le situazioni spaventose con maggiore determinazione.

- **Riconosci i tuoi punti di forza**: Focalizzati su ciò in cui sei bravo e su come queste abilità possono aiutarti ad affrontare le tue paure.

- **Costruisci l'autoefficacia**: Affronta sfide più piccole e gradualmente aumenta la difficoltà per costruire fiducia nelle tue capacità.

20. ADOTTA UN ATTEGGIAMENTO DI AUTO-COMPASSIONE

Essere gentile con te stesso è fondamentale quando affronti le paure. La auto-compassione ti aiuta a mantenere la calma e a evitare di essere troppo duro con te stesso quando le cose non vanno come previsto.

- **Tratta te stesso con gentilezza**: Ricorda che tutti hanno paura e che affrontare le proprie paure è un processo.

- **Accetta la tua umanità**: Riconosci che è normale avere paure e che affrontarle richiede tempo e sforzo.

21. CONTINUA A SFIDARE TE STESSO

Anche dopo aver affrontato e superato una paura, continua a sfidare te stesso a crescere e a esplorare nuove aree. Questo approccio ti aiuta a evitare che le paure tornino a controllarti e ti mantiene in una continua espansione personale.

- **Imposta nuovi obiettivi**: Dopo aver superato una paura, cerca nuove sfide e obiettivi che ti spingano fuori dalla tua zona di comfort.

- **Rifletti sul tuo percorso di crescita**: Considera come ogni sfida affrontata ti ha aiutato a crescere e come puoi applicare queste lezioni in futuro.

CONCLUSIONE

Affrontare le tue paure è un viaggio che
richiede coraggio, pazienza e determinazione.
Ogni passo che fai per confrontarti con
le tue paure contribuisce alla tua crescita
personale e ti avvicina a una vita più ricca
e soddisfacente. Con la giusta mentalità,
strategie efficaci e il supporto necessario,
puoi superare le tue paure e scoprire nuove
opportunità di crescita e realizzazione.

Il principio fondamentale per mantenere
un equilibrio sano nella vita e promuovere il
benessere fisico, mentale ed emotivo. Non è
solo una questione di autosufficienza, ma di
riconoscere e soddisfare le proprie esigenze
per vivere una vita piena e soddisfacente.
Ecco un approfondimento su come adottare
e mantenere abitudini di auto-cura efficaci:

1. PRIORITIZZA IL BENESSERE FISICO

Il benessere fisico è una base importante per la salute complessiva. Prendersi cura del proprio corpo non solo migliora la qualità della vita, ma influisce anche positivamente sulla salute mentale e sull'energia quotidiana.

- **Mantieni una dieta equilibrata**: Consuma una varietà di alimenti nutrienti per assicurarti di ottenere le vitamine e i minerali necessari. Cerca di evitare cibi ad alto contenuto di zuccheri e grassi saturi.

- **Esercitati regolarmente**: L'attività fisica aiuta a mantenere il corpo in forma, migliora l'umore e riduce lo stress. Trova un'attività che ti piace e che puoi fare con costanza.

- **Dormi bene**: Il sonno di qualità è essenziale per il recupero fisico e mentale. Stabilisci una routine regolare e crea un ambiente favorevole al sonno.

2. COLTIVA IL BENESSERE MENTALE

Il benessere mentale è cruciale per gestire lo stress, le emozioni e le sfide quotidiane. Prendersi cura della propria mente contribuisce a una maggiore resilienza e soddisfazione nella vita.

- **Pratica la mindfulness e la meditazione**: Tecniche come la meditazione e la mindfulness aiutano a ridurre lo stress e a migliorare la concentrazione.

- **Gestisci lo stress**: Impara tecniche di gestione dello stress come la respirazione profonda, la scrittura o il rilassamento muscolare.

- **Cerca supporto se necessario**: Non esitare a parlare con un professionista della salute mentale se ti senti sopraffatto o hai bisogno di un supporto più strutturato.

3. DEDICA TEMPO A TE STESSO

Prendersi del tempo per se stessi è essenziale per mantenere l'equilibrio e la serenità. Questo tempo è importante per ricaricare le energie e riflettere su ciò che è significativo.

- **Imposta momenti di relax**: Dedica del tempo alle attività che ti piacciono e che ti rilassano, come leggere, ascoltare musica o fare una passeggiata.

- **Segui le tue passioni**: Trova e coltiva hobby e interessi che ti entusiasmano e che ti permettono di esprimere la tua creatività.

4. SVILUPPA E MANTIENI RELAZIONI POSITIVE

Le relazioni significative e di supporto sono fondamentali per il benessere emotivo. Circondarsi di persone che ti apprezzano e ti sostengono può fare una grande differenza nella tua qualità della vita.

- **Coltiva relazioni autentiche**: Investi tempo ed energia in relazioni che sono sane e reciproche, e cerca di mantenere contatti con persone che ti fanno sentire bene.

- **Stabilisci confini sani**: Impara a stabilire confini chiari e rispettosi nelle tue relazioni per proteggere il tuo benessere e evitare il burnout.

5. SII GENTILE CON TE STESSO

La gentilezza verso se stessi è fondamentale per una buona salute mentale. Trattarsi con compassione e rispetto aiuta a migliorare l'autoefficacia e a ridurre l'auto-critica.

- **Pratica l'auto-compassione**: Accetta i tuoi difetti e imperfezioni e trattati con la stessa gentilezza e comprensione che offrirti a un amico.

- **Evita l'auto-critica eccessiva**: Sii consapevole dei tuoi successi e dei tuoi progressi, e celebra ogni piccolo traguardo raggiunto.

6. FAI ATTENZIONE ALLA TUA CRESCITA PERSONALE

Il miglioramento continuo e la crescita personale sono aspetti importanti dell'auto-cura. Investire in te stesso ti permette di vivere una vita più soddisfacente e realizzata.

- **Imposta obiettivi personali**: Definisci e lavora verso obiettivi che riflettano i tuoi valori e le tue aspirazioni.

- **Cerca opportunità di apprendimento**: Dedica tempo all'apprendimento e alla crescita personale, sia attraverso la lettura, la formazione o nuove esperienze.

7. GESTISCI IL TEMPO IN MODO EFFICACE

Una buona gestione del tempo ti aiuta a mantenere un equilibrio tra lavoro, relax e attività personali. Pianificare e organizzare il tempo ti permette di ridurre lo stress e aumentare la produttività.

- **Crea una routine equilibrata**: Stabilisci una routine quotidiana che includa tempo per il lavoro, il relax e le attività personali.

- **Stabilisci priorità**: Impara a stabilire le priorità e a delegare compiti quando possibile per evitare il sovraccarico.

8. SII CONSAPEVOLE DELLE TUE EMOZIONI

Essere consapevoli delle proprie emozioni e comprenderle ti aiuta a gestire meglio il benessere emotivo e a prendere decisioni più informate.

- **Rifletti sulle tue emozioni**: Prenditi del tempo per riflettere su come ti senti e su cosa potrebbe influenzare il tuo stato emotivo.

- **Esprimi le tue emozioni in modo sano**: Trova modi sani e costruttivi per esprimere e gestire le tue emozioni, come parlare con qualcuno di fiducia o tenere un diario.

9. CURA IL TUO AMBIENTE

L'ambiente in cui vivi e lavori può avere un impatto significativo sul tuo benessere. Creare uno spazio che ti piace e che supporta il tuo benessere è importante per una vita equilibrata.

- **Organizza il tuo spazio**: Mantieni un ambiente pulito e organizzato per ridurre lo stress e aumentare la produttività.

- **Crea spazi di relax**: Dedica aree della tua casa o del tuo ufficio per il relax e il recupero.

10. MANTIENI UNA MENTALITÀ POSITIVA

Una mentalità positiva ti aiuta a mantenere un atteggiamento costruttivo e resiliente di fronte alle sfide della vita.

- **Pratica l'ottimismo**: Cerca di vedere il lato positivo delle situazioni e di mantenere un atteggiamento proattivo.

- **Circondati di influenze positive**: Cerca di mantenere relazioni e ambienti che promuovono una mentalità positiva e incoraggiante.

Prendersi cura di se stessi è essenziale per una vita sana e soddisfacente. Investire tempo e sforzi nella tua salute fisica, mentale ed emotiva ti aiuta a mantenere un equilibrio sano e a vivere una vita più piena. Con abitudini di cura di sé regolari e una mentalità di gentilezza e consapevolezza, puoi affrontare le sfide quotidiane con maggiore resilienza e godere di una qualità di vita migliorata.

PRENDITI CURA DI TE STESSO

E' un principio fondamentale per mantenere un equilibrio sano nella vita e promuovere il benessere fisico, mentale ed emotivo. Non è solo una questione di autosufficienza, ma di riconoscere e soddisfare le proprie esigenze per vivere una vita piena e soddisfacente. Ecco un approfondimento su come adottare e mantenere abitudini di auto-cura efficaci:

1. PRIORITIZZA IL BENESSERE FISICO

Il benessere fisico è una base importante per la salute complessiva. Prendersi cura del proprio corpo non solo migliora la qualità della vita, ma influisce anche positivamente sulla salute mentale e sull'energia quotidiana.

- **Mantieni una dieta equilibrata**: Consuma una varietà di alimenti nutrienti per assicurarti di ottenere le vitamine e i minerali necessari. Cerca di evitare cibi ad alto contenuto di zuccheri e grassi saturi.

- **Esercitati regolarmente**: L'attività fisica aiuta a mantenere il corpo in forma, migliora l'umore e riduce lo stress. Trova un'attività che ti piace e che puoi fare con costanza.

- **Dormi bene**: Il sonno di qualità è essenziale per il recupero fisico e mentale. Stabilisci una routine regolare e crea un ambiente favorevole al sonno.

2. COLTIVA IL BENESSERE MENTALE

Il benessere mentale è cruciale per gestire lo stress, le emozioni e le sfide quotidiane. Prendersi cura della propria mente contribuisce a una maggiore resilienza e soddisfazione nella vita.

- **Pratica la mindfulness e la meditazione**: Tecniche come la meditazione e la mindfulness aiutano a ridurre lo stress e a migliorare la concentrazione.

- **Gestisci lo stress**: Impara tecniche di gestione dello stress come la respirazione profonda, la scrittura o il rilassamento muscolare.

- **Cerca supporto se necessario**: Non esitare a parlare con un professionista della salute mentale se ti senti sopraffatto o hai bisogno di un supporto più strutturato.

3. DEDICA TEMPO A TE STESSO

Prendersi del tempo per se stessi è essenziale per mantenere l'equilibrio e la serenità. Questo tempo è importante per ricaricare le energie e riflettere su ciò che è significativo.

- **Imposta momenti di relax**: Dedica del tempo alle attività che ti piacciono e che ti rilassano, come leggere, ascoltare musica o fare una passeggiata.

- **Segui le tue passioni**: Trova e coltiva hobby e interessi che ti entusiasmano e che ti permettono di esprimere la tua creatività.

4. SVILUPPA E MANTIENI RELAZIONI POSITIVE

Le relazioni significative e di supporto sono fondamentali per il benessere emotivo. Circondarsi di persone che ti apprezzano e ti sostengono può fare una grande differenza nella tua qualità della vita.

- **Coltiva relazioni autentiche**: Investi tempo ed energia in relazioni che sono sane e reciproche, e cerca di mantenere contatti con persone che ti fanno sentire bene.

- **Stabilisci confini sani**: Impara a stabilire confini chiari e rispettosi nelle tue relazioni per proteggere il tuo benessere e evitare il burnout.

5. SII GENTILE CON TE STESSO

La gentilezza verso se stessi è fondamentale per una buona salute mentale. Trattarsi con compassione e rispetto aiuta a migliorare l'autoefficacia e a ridurre l'auto-critica.

- **Pratica l'auto-compassione**: Accetta i tuoi difetti e imperfezioni e trattati con la stessa gentilezza e comprensione che offrirti a un amico.

- **Evita l'auto-critica eccessiva**: Sii consapevole dei tuoi successi e dei tuoi progressi, e celebra ogni piccolo traguardo raggiunto.

6. FAI ATTENZIONE ALLA TUA CRESCITA PERSONALE

Il miglioramento continuo e la crescita personale sono aspetti importanti dell'auto-cura. Investire in te stesso ti permette di vivere una vita più soddisfacente e realizzata.

- **Imposta obiettivi personali**: Definisci e lavora verso obiettivi che riflettano i tuoi valori e le tue aspirazioni.

- **Cerca opportunità di apprendimento**: Dedica tempo all'apprendimento e alla crescita personale, sia attraverso la lettura, la formazione o nuove esperienze.

7. GESTISCI IL TEMPO IN MODO EFFICACE

Una buona gestione del tempo ti aiuta a mantenere un equilibrio tra lavoro, relax e attività personali. Pianificare e organizzare il tempo ti permette di ridurre lo stress e aumentare la produttività.

- **Crea una routine equilibrata**: Stabilisci una routine quotidiana che includa tempo per il lavoro, il relax e le attività personali.

- **Stabilisci priorità**: Impara a stabilire le priorità e a delegare compiti quando possibile per evitare il sovraccarico.

8. SII CONSAPEVOLE DELLE TUE EMOZIONI

Essere consapevoli delle proprie emozioni e comprenderle ti aiuta a gestire meglio il benessere emotivo e a prendere decisioni più informate.

- **Rifletti sulle tue emozioni**: Prenditi del tempo per riflettere su come ti senti e su cosa potrebbe influenzare il tuo stato emotivo.

- **Esprimi le tue emozioni in modo sano**: Trova modi sani e costruttivi per esprimere e gestire le tue emozioni, come parlare con qualcuno di fiducia o tenere un diario.

9. CURA IL TUO AMBIENTE

L'ambiente in cui vivi e lavori può avere un impatto significativo sul tuo benessere. Creare uno spazio che ti piace e che supporta il tuo benessere è importante per una vita equilibrata.

- **Organizza il tuo spazio**: Mantieni un ambiente pulito e organizzato per ridurre lo stress e aumentare la produttività.

- **Crea spazi di relax**: Dedica aree della tua casa o del tuo ufficio per il relax e il recupero.

10. MANTIENI UNA MENTALITÀ POSITIVA

Una mentalità positiva ti aiuta a mantenere un atteggiamento costruttivo e resiliente di fronte alle sfide della vita.

- **Pratica l'ottimismo**: Cerca di vedere il lato positivo delle situazioni e di mantenere un atteggiamento proattivo.

- **Circondati di influenze positive**: Cerca di mantenere relazioni e ambienti che promuovono una mentalità positiva e incoraggiante.

CONCLUSIONE

Prendersi cura di se stessi è essenziale per una
vita sana e soddisfacente. Investire tempo
e sforzi nella tua salute fisica, mentale ed
emotiva ti aiuta a mantenere un equilibrio sano
e a vivere una vita più piena. Con abitudini
di cura di sé regolari e una mentalità di
gentilezza e consapevolezza, puoi affrontare
le sfide quotidiane con maggiore resilienza
e godere di una qualità di vita migliorata.

11. STABILISCI E RISPETTA LE TUE ROUTINE

Le routine quotidiane possono aiutare a creare un senso di stabilità e prevedibilità nella tua vita. Una routine ben strutturata promuove il benessere e riduce lo stress.

- **Crea una routine mattutina e serale**: Stabilire abitudini sane al mattino e alla sera può migliorare la tua produttività e il tuo sonno. Per esempio, una routine di mattina potrebbe includere esercizio fisico, una colazione nutriente e un momento di riflessione o pianificazione. La sera potrebbe includere la lettura, la meditazione o una breve passeggiata per rilassarti prima di andare a letto.

- **Rendi la routine flessibile**: Pur avendo una routine, è importante essere flessibili e adattarsi alle circostanze. La flessibilità aiuta a gestire meglio gli imprevisti e a mantenere un equilibrio sano.

12. ACCOGLI IL RIPOSO E IL RECUPERO

Il riposo e il recupero sono essenziali per mantenere un buon stato di salute fisica e mentale. Non ignorare i segnali di stanchezza o burnout.

- **Ascolta il tuo corpo**: Presta attenzione ai segnali di stanchezza e concediti il tempo di cui hai bisogno per recuperare. Il riposo adeguato è essenziale per prevenire l'esaurimento e per sostenere la tua salute complessiva.

- **Programma pause regolari**: Fai delle pause durante la giornata lavorativa per ridurre lo stress e migliorare la concentrazione. Anche brevi pause possono fare una grande differenza nella tua produttività e benessere.

13. FAI ATTENZIONE ALLA TUA SALUTE EMOTIVA

La salute emotiva è altrettanto importante quanto quella fisica. Prendersi cura delle proprie emozioni aiuta a mantenere un equilibrio e una stabilità.

- **Affronta le emozioni in modo proattivo**: Impara a riconoscere e gestire le tue emozioni in modo sano. Tecniche come la scrittura espressiva, la terapia o il parlare con amici possono essere utili.

- **Pratica la resilienza**: Sviluppa la capacità di affrontare e superare le difficoltà emotive. La resilienza ti aiuta a recuperare più rapidamente dalle avversità e a mantenere un atteggiamento positivo.

14. INVESTI NELLA TUA CRESCITA PERSONALE

Investire nella crescita personale ti aiuta a migliorare le tue competenze e a raggiungere il tuo potenziale. La crescita continua contribuisce a una vita più appagante e soddisfacente.

- **Stabilisci obiettivi di crescita**: Definisci obiettivi chiari per il tuo sviluppo personale, come acquisire nuove competenze o raggiungere traguardi professionali.

- **Partecipa a corsi e attività formative**: Iscriviti a corsi, seminari o workshop che ti interessano e che possono arricchire le tue conoscenze e competenze.

15. CURA IL TUO AMBIENTE SOCIALE

L'ambiente sociale ha un impatto significativo sul tuo benessere. Coltivare relazioni sane e significative è fondamentale per una vita equilibrata.

- **Costruisci una rete di supporto**: Circondati di persone positive che ti incoraggiano e ti sostengono. Le relazioni forti e di supporto sono essenziali per il benessere emotivo.

- **Fai attenzione alle relazioni tossiche**: Identifica e limita le relazioni che ti causano stress o negatività. È importante proteggere la tua salute mentale e il tuo benessere.

16. PRATICA L'AUTOCOMPASSIONE E LA GENTILEZZA

Essere gentile con se stessi è fondamentale per il benessere. La auto-compassione ti aiuta ad affrontare le sfide con maggiore serenità e ad accettare le imperfezioni.

- **Accetta i tuoi limiti**: Riconosci che tutti hanno limiti e che è normale fare errori. Trattati con la stessa comprensione e gentilezza che riservi agli altri.

- **Esercita la gratitudine verso te stesso**: Riconosci e celebra i tuoi successi e i tuoi sforzi. La gratitudine verso te stesso aiuta a mantenere una visione positiva e a motivarti.

17. IMPARA A DIRE NO

Imparare a dire no è una competenza importante per gestire il proprio tempo e le proprie risorse. Dire no alle richieste e alle pressioni esterne ti permette di preservare il tuo benessere e la tua energia.

- **Definisci i tuoi limiti**: Identifica cosa è accettabile per te e cosa non lo è. Comunica chiaramente i tuoi limiti agli altri per proteggere il tuo spazio e il tuo tempo.

- **Pratica il rifiuto assertivo**: Impara a dire no in modo chiaro e rispettoso, senza sentirti in colpa. Essere assertivo ti aiuta a mantenere l'equilibrio e a evitare il sovraccarico.

18. ADOTTA UNO STILE DI VITA EQUILIBRATO

Un equilibrio tra lavoro, tempo libero e altre attività è essenziale per il benessere generale. Assicurati di dedicare tempo a diverse aree della tua vita.

- **Gestisci il tempo tra lavoro e vita privata**: Stabilire confini chiari tra il lavoro e il tempo personale aiuta a prevenire il burnout e a mantenere una vita equilibrata.

- **Dedica tempo a te stesso e alle tue passioni**: Assicurati di riservare tempo per attività che ti piacciono e che ti rilassano, oltre agli impegni lavorativi e familiari.

19. SII CONSAPEVOLE DEI TUOI BISOGNI

Essere consapevoli dei tuoi bisogni e delle tue priorità ti aiuta a fare scelte che supportano il tuo benessere e la tua soddisfazione.

- **Fai un'autovalutazione periodica**: Rivedi regolarmente le tue esigenze e priorità per assicurarti che siano allineate con il tuo benessere e i tuoi obiettivi.

- **Soddisfa i tuoi bisogni emotivi e fisici**: Assicurati di dedicare attenzione alle tue esigenze fondamentali, come il sonno, la nutrizione, il supporto emotivo e il tempo libero.

20. FAI PICCOLI CAMBIAMENTI POSITIVI

A volte, anche piccoli cambiamenti nella tua routine quotidiana possono avere un grande impatto sul tuo benessere generale. Adottare gradualmente nuove abitudini può portare a miglioramenti significativi.

- **Inizia con piccoli obiettivi**: Implementa piccoli cambiamenti che sono facili da integrare nella tua vita quotidiana. Questo approccio rende più facile mantenere nuove abitudini nel lungo termine.

- **Monitora e adatta**: Valuta regolarmente come i cambiamenti influenzano il tuo benessere e apporta aggiustamenti secondo necessità per massimizzare i benefici.

CONCLUSIONE

Prendersi cura di se stessi è una pratica
continua e multifacetica che include il
benessere fisico, mentale, emotivo e sociale.
Investire nel tuo benessere ti permette di
affrontare le sfide della vita con maggiore
resilienza e di vivere in modo più equilibrato
e soddisfacente. Con abitudini di cura di
sé regolari, una mentalità positiva e la
volontà di fare piccoli cambiamenti, puoi
migliorare significativamente la tua qualità
della vita e raggiungere un maggiore
senso di realizzazione e felicità.

LASCIA ANDARE CIÒ CHE NON TI SERVE

E' un concetto potente e liberatorio che riguarda il processo di rinunciare a ciò che non contribuisce al tuo benessere e alla tua crescita personale. Questo principio ti aiuta a fare spazio per nuove opportunità, a ridurre lo stress e a migliorare la qualità della tua vita. Ecco un approfondimento su come applicare questo concetto nella tua vita:

1. IDENTIFICA CIÒ CHE TI TRATTIENE

Il primo passo per lasciare andare è riconoscere ciò che ti sta trattenendo. Questi possono essere oggetti, abitudini, relazioni o pensieri che non ti servono più.

- **Rifletti sulle tue abitudini e comportamenti**: Chiediti se ci sono abitudini quotidiane che non ti portano alcun beneficio o che addirittura ti causano stress e disagio.

- **Valuta le tue relazioni**: Considera se alcune relazioni nella tua vita sono tossiche o non più utili per il tuo benessere e crescita personale.

2. ACCETTA E LASCIA ANDARE IL PASSATO

Il passato può essere una fonte significativa di peso emotivo e mentale. Imparare a lasciare andare eventi, errori o rimpianti passati è cruciale per andare avanti.

- **Riconosci i tuoi sentimenti**: Accetta e valida i tuoi sentimenti riguardo al passato, senza giudicarti. Comprendere le emozioni che hai vissuto ti aiuta a liberarti dal loro impatto.

- **Elabora e perdona**: Lavora sul perdono, sia verso te stesso che verso gli altri, per liberarti dal peso dei rancori e dei risentimenti. Il perdono non significa dimenticare, ma liberarti dal potere negativo che il passato ha su di te.

3. SEMPLIFICA LA TUA VITA

Semplificare la tua vita può aiutarti a ridurre il caos e a concentrarti su ciò che è veramente importante.

- **Decluttering**: Riduci il disordine fisico eliminando oggetti che non usi più o che non ti portano gioia. Un ambiente ordinato contribuisce a una mente più serena.

- **Semplifica le tue routine**: Rivedi le tue attività quotidiane e cerca di semplificare le tue routine per ridurre lo stress e aumentare l'efficienza.

4. RILASCIA LE ASPETTATIVE IRREALISTICHE

Le aspettative irrealistiche possono portare a delusioni e frustrazioni. Impara a gestire le tue aspettative in modo più realistico e flessibile.

- **Rivedi le tue aspettative**: Analizza se le tue aspettative sono eccessivamente alte o irrealistiche. Adatta le tue aspettative in base alle circostanze e alle tue capacità.

- **Accetta l'incertezza**: Impara a convivere con l'incertezza e a lasciare andare il bisogno di controllare ogni dettaglio. La vita è imprevedibile e accettare l'incertezza ti permette di adattarti meglio ai cambiamenti.

5. ALLONTANATI DALLE ABITUDINI DANNOSE

Le abitudini dannose possono avere un impatto negativo sulla tua vita e sul tuo benessere. Identificare e abbandonare queste abitudini è essenziale per una vita più sana e soddisfacente.

- **Riconosci le abitudini dannose**: Identifica le abitudini che influiscono negativamente sulla tua salute, produttività o felicità. Questo potrebbe includere abitudini come il procrastinare, l'eccesso di cibo spazzatura o l'abuso di tecnologia.

- **Sostituisci con abitudini positive**: Sostituisci le abitudini dannose con pratiche più sane e produttive. Ad esempio, se tendi a procrastinare, crea un piano di lavoro chiaro e gestibile.

6. LIBERATI DALLE PRESSIONI SOCIALI

Le pressioni sociali possono influenzare le tue decisioni e il tuo comportamento. Impara a seguire il tuo percorso e a prendere decisioni basate sui tuoi valori piuttosto che su ciò che gli altri si aspettano da te.

- **Ascolta la tua voce interiore**: Fai attenzione a ciò che desideri veramente e a ciò che ti rende felice, piuttosto che conformarti alle aspettative degli altri.

- **Impara a dire no**: Non aver paura di rifiutare richieste o pressioni che non sono in linea con i tuoi valori e obiettivi. Dire no ti aiuta a mantenere il controllo della tua vita e delle tue scelte.

7. RIVEDI E AGGIORNA I TUOI OBIETTIVI

I tuoi obiettivi e le tue aspirazioni possono cambiare nel tempo. Rivedere e aggiornare i tuoi obiettivi ti aiuta a concentrarti su ciò che è più rilevante e significativo per te.

- **Stabilisci obiettivi realistici e raggiungibili**: Valuta se i tuoi obiettivi attuali sono ancora rilevanti e se sono raggiungibili. Aggiorna i tuoi obiettivi in base ai cambiamenti nelle tue circostanze e nei tuoi desideri.

- **Allinea gli obiettivi con i tuoi valori**: Assicurati che i tuoi obiettivi riflettano i tuoi valori e le tue passioni, piuttosto che le aspettative esterne.

8. IMPARA A GESTIRE LE EMOZIONI NEGATIVE

Le emozioni negative possono tenerti legato a esperienze passate e influenzare la tua qualità della vita. Imparare a gestire queste emozioni ti aiuta a liberarti dal loro impatto.

- **Pratica tecniche di rilassamento**: Tecniche come la meditazione, il respiro profondo e il rilassamento muscolare possono aiutarti a gestire l'ansia e lo stress.

- **Esprimi le tue emozioni in modo sano**: Trova modi costruttivi per esprimere le tue emozioni, come parlare con un amico fidato o tenere un diario.

9. CREA SPAZIO PER NUOVE ESPERIENZE

Lasciare andare ciò che non ti serve ti permette di creare spazio per nuove esperienze e opportunità. Essere aperti al cambiamento ti aiuta a crescere e a esplorare nuove possibilità.

- **Sperimenta nuove attività**: Prova nuove esperienze e hobby che ti interessano e che possono arricchire la tua vita.

- **Sii aperto al cambiamento**: Accogli i cambiamenti con una mentalità positiva e considera le nuove opportunità come una chance per crescere e migliorare.

10. PRATICA LA GRATITUDINE

La gratitudine può aiutarti a focalizzarti su ciò che hai piuttosto che su ciò che hai perso. Coltivare un atteggiamento di gratitudine ti aiuta a mantenere una prospettiva positiva.

- **Tieni un diario della gratitudine**: Annota quotidianamente le cose per cui sei grato. Questo ti aiuta a concentrarti sugli aspetti positivi della tua vita.

- **Esprimi gratitudine verso gli altri**: Mostra apprezzamento verso le persone che ti supportano e che hanno un impatto positivo nella tua vita.

Lasciare andare ciò che non ti serve è un processo liberatorio che ti permette di creare spazio per il benessere, la crescita e nuove opportunità. Riconoscere e abbandonare ciò che ti trattiene, semplificare la tua vita e adottare una mentalità di accettazione e gratitudine sono passi cruciali per vivere una vita più equilibrata e soddisfacente. Con il tempo e la pratica, questo processo ti aiuterà a costruire una vita che riflette meglio i tuoi veri desideri e valori.

11. RIVEDI LE TUE PRIORITÀ

Le tue priorità possono cambiare con il tempo e l'esperienza. Rivedere e adattare le tue priorità ti aiuta a concentrarti su ciò che è veramente importante per te, piuttosto che su ciò che potrebbe sembrare urgente o conveniente.

- **Valuta le tue priorità attuali**: Chiediti cosa è più importante per te in questo momento della tua vita. Potrebbe trattarsi di carriera, relazioni, salute, o crescita personale.

- **Riorganizza le tue priorità**: Se necessario, fai dei cambiamenti nella tua vita per allineare le tue azioni e decisioni con le tue nuove priorità.

12. GESTISCI IL TUO TEMPO IN MODO PIÙ EFFICACE

Il modo in cui gestisci il tuo tempo può influenzare notevolmente la tua capacità di lasciar andare ciò che non ti serve. Una gestione del tempo più efficace ti consente di concentrarti su ciò che è veramente importante e di eliminare le distrazioni.

- **Crea un piano di azione**: Utilizza strumenti come liste di cose da fare, pianificatori o app per organizzare le tue attività e gestire il tempo in modo più efficiente.

- **Fai attenzione al tempo sprecato**: Identifica le aree della tua vita in cui potresti sprecare tempo e cerca modi per ottimizzare o ridurre tali attività.

13. SVILUPPA LA TUA CAPACITÀ DI ADATTAMENTO

Essere in grado di adattarsi ai cambiamenti è essenziale per lasciare andare ciò che non ti serve e accogliere nuove opportunità. La flessibilità mentale e la capacità di adattarsi ti aiutano a navigare i cambiamenti con maggiore facilità.

- **Pratica l'adattabilità**: Impara a essere flessibile e ad adattarti ai cambiamenti in modo proattivo. Considera i cambiamenti come opportunità di crescita piuttosto che come ostacoli.

- **Accogli il feedback**: Sii aperto al feedback e alle critiche costruttive, e utilizza queste informazioni per migliorare e adattarti.

14. FOCALIZZATI SUI TUOI PUNTI DI FORZA

Concentrarsi sui tuoi punti di forza ti aiuta a costruire fiducia in te stesso e a lasciare andare le insicurezze e le aree di debolezza che ti impediscono di progredire.

- **Riconosci i tuoi punti di forza**: Identifica le tue abilità e i tuoi talenti unici. Questo ti aiuterà a orientare la tua energia verso attività che ti soddisfano e ti motivano.

- **Sfrutta i tuoi punti di forza**: Usa le tue competenze e abilità per affrontare sfide e opportunità in modo più efficace e gratificante.

15. IMPARA A CHIEDERE AIUTO

Chiedere aiuto non significa essere debole,
ma riconoscere che hai bisogno di supporto
per andare avanti. Imparare a chiedere aiuto
ti consente di liberarti da ciò che ti pesa
e di accogliere il supporto degli altri.

- **Riconosci quando hai bisogno di aiuto**:
  Identifica le aree in cui potresti trarre
  beneficio dal supporto degli altri, sia a
  livello personale che professionale.

- **Cerca risorse e supporto**: Non esitare
  a chiedere aiuto a amici, familiari, o
  professionisti. Utilizza risorse come
  consulenti, gruppi di supporto o
  mentori per affrontare le sfide.

16. PRATICA L'AUTO-RIFLESSIONE

L'auto-riflessione ti permette di comprendere meglio te stesso e le tue esigenze. Questo processo di introspezione è fondamentale per identificare e lasciare andare ciò che non ti serve.

- **Dedica tempo alla riflessione personale**: Prendi del tempo regolarmente per riflettere su come ti senti, su cosa ti preoccupa e su cosa desideri cambiare nella tua vita.

- **Utilizza tecniche di journaling**: Scrivere le tue riflessioni e i tuoi pensieri può aiutarti a chiarire le tue emozioni e a identificare ciò che è necessario lasciare andare.

17. COLTIVA UNA MENTALITÀ DI CRESCITA

Adottare una mentalità di crescita ti aiuta a vedere le sfide e i cambiamenti come opportunità di apprendimento e miglioramento, piuttosto che come ostacoli.

- **Accetta le sfide come opportunità**: Considera le difficoltà come occasioni per crescere e imparare, e non come segnali di fallimento.

- **Sii aperto a nuove esperienze**: Abbraccia nuove esperienze e opportunità, anche se possono sembrare spaventose o difficili. La mentalità di crescita ti incoraggia a esplorare e ad adattarti.

18. CURA IL TUO BENESSERE SPIRITUALE

Il benessere spirituale è una parte importante dell'auto-cura e può aiutarti a trovare significato e scopo nella vita. La pratica spirituale ti consente di lasciare andare ciò che non è in sintonia con il tuo senso di scopo.

- **Esplora la tua spiritualità**: Dedica tempo a pratiche spirituali che ti aiutano a connetterti con te stesso e con qualcosa di più grande, come la meditazione, la preghiera o la contemplazione.

- **Trova un senso di scopo**: Identifica ciò che dà significato alla tua vita e orienta le tue azioni e decisioni verso questi obiettivi.

19. IMPARA A VIVERE NEL PRESENTE

Vivere nel presente ti aiuta a lasciar andare preoccupazioni e rimpianti legati al passato e a concentrarti su ciò che puoi fare adesso. La consapevolezza del presente ti permette di apprezzare il momento e di affrontare le sfide con una mente più chiara.

- **Pratica la mindfulness**: Utilizza tecniche di mindfulness per rimanere concentrato sul presente e per ridurre l'ansia e lo stress.

- **Sii presente nelle tue attività**: Quando ti dedichi a un'attività, cerca di essere completamente immerso in essa, piuttosto che preoccuparti di cose passate o future.

20. FESTEGGIA I TUOI SUCCESSI

Riconoscere e celebrare i tuoi successi ti aiuta a mantenere una mentalità positiva e a motivarti a continuare a fare progressi. Festeggiare i tuoi successi ti consente anche di apprezzare i tuoi progressi e di lasciare andare i fallimenti passati.

- **Riconosci i tuoi successi**: Prenditi del tempo per riflettere sui tuoi traguardi e sui tuoi successi, grandi o piccoli. Questo ti aiuta a mantenere una prospettiva positiva.

- **Celebra i tuoi traguardi**: Festeggia i tuoi successi con gratitudine e gioia. Questo rinforza il tuo senso di realizzazione e ti incoraggia a continuare a perseguire i tuoi obiettivi.

CONCLUSIONE

Lasciare andare ciò che non ti serve è un processo continuo e dinamico che richiede consapevolezza e impegno. Identificare e rinunciare a ciò che ti trattiene, sia a livello materiale che emotivo, ti permette di fare spazio per nuove opportunità, migliorare la tua qualità della vita e promuovere la tua crescita personale. Con la pratica e la pazienza, questo processo ti aiuterà a vivere una vita più libera, soddisfacente e autentica.

VIAGGIA O CAMBIA AMBIENTE

E' un consiglio potente per coloro che cercano di rompere la routine, espandere i propri orizzonti e trovare nuove prospettive nella vita. Cambiare ambiente, che sia attraverso il viaggio o una semplice modifica del tuo spazio quotidiano, può avere un impatto significativo sulla tua mente e sul tuo benessere. Ecco come e perché questo principio può essere utile:

1. ROMPI LA ROUTINE

Viaggiare o cambiare ambiente ti aiuta a rompere la monotonia della vita quotidiana e a rinnovare la tua energia mentale.

- **Esplora nuovi luoghi**: Visitare luoghi nuovi, che siano vicini o lontani, può darti una prospettiva fresca e stimolare la tua curiosità. La novità e il cambiamento possono rinvigorire la tua mente e offrirti nuove idee.

- **Rinnova il tuo spazio**: Anche modificare il tuo ambiente abituale, come riorganizzare la tua casa o ufficio, può aiutarti a rompere la routine e a creare uno spazio che ti ispira e ti motiva.

2. ESPANDI I TUOI ORIZZONTI

Il viaggio e il cambiamento di ambiente possono aiutarti a scoprire nuove culture, idee e modi di pensare, arricchendo la tua vita.

- **Incontra nuove persone**: Viaggiando, hai l'opportunità di incontrare persone con background e prospettive diverse, il che può ampliarti orizzonti e offrire nuove intuizioni.

- **Esplora nuove culture**: Immergerti in culture diverse ti aiuta a comprendere meglio il mondo e a sviluppare una maggiore empatia e apertura mentale.

3. STIMOLA LA CREATIVITÀ

Un cambiamento di ambiente può stimolare la tua creatività e aiutarti a vedere le cose da una prospettiva diversa.

- **Sperimenta nuovi stimoli**: Ambienti nuovi e stimolanti possono ispirarti e offrirti nuove idee. La stimolazione visiva e sensoriale che deriva dal viaggio o da un ambiente diverso può favorire la creatività.

- **Fuggi dalla zona di comfort**: Cambiare ambiente ti costringe a uscire dalla tua zona di comfort, il che può essere un potente catalizzatore per la creatività e l'innovazione.

4. RIDUCI LO STRESS E L'ANSIA

Cambiare ambiente può aiutarti a ridurre lo stress e l'ansia, offrendo un'opportunità per rilassarti e rigenerarti.

- **Distanziati dai problemi quotidiani**: Un cambiamento di ambiente può offrirti una pausa dalle preoccupazioni quotidiane e darti spazio per ricaricare le energie.

- **Scopri nuovi modi per rilassarti**: Ambienti diversi possono offrirti nuove modalità di relax e benessere, come esplorare la natura, fare attività fisiche diverse o partecipare a eventi culturali.

5. MIGLIORA IL BENESSERE PERSONALE

Viaggiare e cambiare ambiente possono avere effetti positivi sul tuo benessere fisico e mentale, migliorando la qualità della tua vita.

- **Pratica l'auto-cura**: Un viaggio o una modifica dell'ambiente quotidiano possono offrirti l'opportunità di concentrarti su te stesso e sulle tue esigenze, migliorando il tuo stato di salute e il tuo equilibrio.

- **Sperimenta nuove attività**: Ambienti diversi possono offrirti l'opportunità di provare nuove attività e hobby che possono contribuire al tuo benessere e alla tua felicità.

6. CAMBIA PROSPETTIVA E VISIONE

Cambiare ambiente può aiutarti a vedere le situazioni da nuove prospettive e a riformulare le tue priorità e obiettivi.

- **Riflettere su nuove opportunità**: Un cambiamento di ambiente può offrire una pausa dalla tua routine abituale e darti il tempo e lo spazio per riflettere su nuove opportunità e direzioni nella tua vita.

- **Rivaluta le tue priorità**: Il contatto con nuovi ambienti e culture può aiutarti a rivalutare le tue priorità e a considerare ciò che è veramente importante per te.

7. COLTIVA NUOVE ABITUDINI

Il viaggio e il cambiamento di ambiente ti permettono di instaurare nuove abitudini e routine che possono arricchire la tua vita.

- **Adotta nuove pratiche quotidiane**: In un ambiente diverso, puoi scoprire e adottare nuove pratiche quotidiane che migliorano il tuo benessere e la tua produttività.

- **Integra nuove esperienze**: Sfrutta l'opportunità di integrare nuove esperienze nella tua vita quotidiana, che possono portare a una maggiore soddisfazione e crescita personale.

8. INIZIA CON PICCOLI CAMBIAMENTI

Non è necessario fare grandi viaggi o cambiamenti radicali per beneficiare di questo principio. Anche piccoli cambiamenti possono fare una grande differenza.

- **Fai escursioni locali**: Se non hai la possibilità di viaggiare lontano, esplora luoghi vicini che non hai ancora visitato. A volte, anche una breve gita può offrirti una nuova prospettiva.

- **Modifica il tuo ambiente domestico**: Cambiare l'arredamento della tua casa, ridisegnare gli spazi o aggiungere elementi che ti ispirano può influire positivamente sul tuo stato d'animo.

9. SPERIMENTA CON LA DIGITALIZZAZIONE

Nel contesto attuale, anche un cambiamento virtuale può avere effetti positivi. Sperimentare con nuovi strumenti tecnologici e risorse online può ampliare la tua esperienza e visione.

- **Partecipa a corsi online**: Iscriviti a corsi online o webinar su argomenti che ti interessano. Questo ti consente di apprendere nuove competenze e interagire con persone di diverse località.

- **Utilizza app di viaggio virtuale**: Scopri nuovi luoghi e culture attraverso tour virtuali e altre risorse digitali che possono offrirti un cambiamento di ambiente anche senza muoverti fisicamente.

10. RIFLETTE SUI BENEFICI

Infine, rifletti sui benefici che hai ottenuto dal cambiamento di ambiente. Questo ti aiuterà a capire meglio come questi cambiamenti influenzano la tua vita e a pianificare futuri cambiamenti.

- **Analizza il tuo benessere**: Considera come il viaggio o il cambiamento di ambiente hanno impattato il tuo stato d'animo, la tua creatività e il tuo benessere generale.

- **Pianifica cambiamenti futuri**: Utilizza le tue riflessioni per pianificare futuri cambiamenti che possono continuare a migliorare la tua qualità della vita.

Viaggiare o cambiare ambiente sono modi potenti per rinnovare la tua vita, stimolare la tua creatività e migliorare il tuo benessere. Anche piccoli cambiamenti possono avere un grande impatto, offrendo nuove prospettive e opportunità. Abbraccia il cambiamento come un'opportunità di crescita e scoperta, e sfrutta queste esperienze per arricchire la tua vita e raggiungere una maggiore soddisfazione e realizzazione.

11. COLTIVA LA CONSAPEVOLEZZA DEL MOMENTO

Il cambiamento di ambiente può aiutarti a essere più consapevole del momento presente, migliorando la tua capacità di apprezzare e vivere ogni esperienza con maggiore intensità.

- **Osserva il tuo ambiente**: Quando sei in un nuovo posto, presta attenzione ai dettagli che normalmente potresti trascurare nella tua routine quotidiana. Questo può aiutarti a sviluppare una maggiore consapevolezza e apprezzamento per il momento presente.

- **Pratica la mindfulness**: Approfitta del nuovo ambiente per praticare la mindfulness, concentrandoti su sensazioni, emozioni e pensieri mentre esplori nuovi luoghi o cambi il tuo spazio.

12. SFIDA LE TUE PROSPETTIVE

Un cambiamento di ambiente può mettere alla prova le tue credenze e prospettive, spingendoti a rivedere e ampliare la tua visione del mondo.

- **Esplora diverse culture e opinioni**: Viaggiare ti espone a diverse culture e punti di vista, aiutandoti a mettere in discussione e ampliare le tue convinzioni. Questo può portare a una maggiore apertura mentale e comprensione interculturale.

- **Rivedi le tue convinzioni personali**: Cambiare il tuo ambiente abituale può incoraggiarti a riflettere su ciò che ritieni importante e su come le tue esperienze influenzano le tue opinioni.

13. SVILUPPA LA RESILIENZA

Affrontare un ambiente nuovo o diverso può aiutarti a sviluppare la resilienza, migliorando la tua capacità di adattarti e superare le sfide.

- **Affronta nuove sfide**: Adattarti a un nuovo ambiente può comportare sfide inaspettate, ma affrontarle ti insegna a essere più flessibile e resiliente.

- **Impara a gestire l'incertezza**: Cambiare ambiente ti costringe a gestire l'incertezza e a trovare soluzioni creative ai problemi, aumentando la tua capacità di affrontare situazioni impreviste.

14. PROMUOVI IL BENESSERE FISICO

Un cambiamento di ambiente, specialmente se include attività fisiche, può avere effetti positivi sulla tua salute fisica.

- **Scopri nuove attività fisiche**: Nuovi ambienti possono offrire opportunità per attività fisiche diverse, come escursioni, sport o esercizi che non pratichi abitualmente.

- **Sfrutta l'ambiente naturale**: Trascorrere del tempo all'aperto in ambienti naturali può migliorare la tua salute fisica e mentale, riducendo lo stress e promuovendo il benessere.

15. FAI ESPERIENZA DI CRESCITA PERSONALE

Cambiare ambiente ti permette di mettere in pratica le tue capacità e di crescere come persona, migliorando la tua autoconoscenza e competenza.

- **Affronta nuove esperienze**: Ogni viaggio o cambiamento di ambiente ti offre l'opportunità di affrontare nuove situazioni e di crescere come individuo.

- **Espandi le tue competenze**: L'adattamento a nuovi ambienti può aiutarti a sviluppare nuove competenze e a migliorare quelle esistenti, ampliando la tua esperienza personale e professionale.

16. CONNETTI CON TE STESSO

Il cambiamento di ambiente può offrirti un'opportunità per riconnetterti con te stesso e riconsiderare le tue aspirazioni e obiettivi.

- **Riflettiti nel nuovo ambiente**: Utilizza il tempo in un ambiente diverso per riflettere su chi sei e cosa desideri dalla vita. Questo può aiutarti a chiarire le tue aspirazioni e a prendere decisioni più informate.

- **Sperimenta la solitudine positiva**: Se viaggi da solo o cambi ambiente, approfitta della solitudine per ascoltare i tuoi pensieri e sentimenti senza distrazioni esterne.

17. SVILUPPA NUOVE ABITUDINI E ROUTINE

Cambiare ambiente può essere l'occasione perfetta per instaurare nuove abitudini e routine che possono arricchire la tua vita.

- **Sperimenta nuove routine**: Approfitta del cambiamento di ambiente per stabilire nuove routine che possono migliorare la tua produttività e benessere.

- **Integra nuove abitudini salutari**: Adatta il tuo nuovo ambiente per supportare abitudini salutari, come una dieta equilibrata, l'esercizio fisico regolare e pratiche di benessere.

18. COSTRUISCI RELAZIONI SIGNIFICATIVE

Il viaggio e il cambiamento di ambiente possono aiutarti a costruire nuove relazioni e a rafforzare quelle esistenti.

- **Fai nuove conoscenze**: Incontra persone nuove durante i tuoi viaggi o in ambienti diversi. Queste connessioni possono arricchire la tua vita e offrire nuove opportunità di crescita personale e professionale.

- **Rafforza le relazioni esistenti**: Il cambiamento di ambiente può anche offrire nuove prospettive su relazioni esistenti, aiutandoti a rafforzarle e a migliorare la comunicazione.

19. SCOPRI NUOVE PASSIONI

Nuovi ambienti e esperienze possono aiutarti a scoprire passioni e interessi che non avevi esplorato prima.

- **Partecipa a nuove attività**: Approfitta del cambiamento di ambiente per provare nuove attività e hobby che possono rivelarsi nuove passioni.

- **Esplora interessi nascosti**: Un ambiente diverso può offrire opportunità per esplorare interessi che non avevi considerato in precedenza.

20. IMPARA A GESTIRE IL CAMBIAMENTO

Il cambiamento di ambiente ti insegna a gestire il cambiamento e a navigare attraverso transizioni in modo più efficace.

- **Adatta le tue aspettative**: Impara a essere flessibile e a adattare le tue aspettative alle nuove circostanze. La capacità di gestire il cambiamento è una competenza preziosa in tutti gli aspetti della vita.

- **Sviluppa strategie di adattamento**: Utilizza le esperienze di cambiamento di ambiente per sviluppare strategie di adattamento che possono aiutarti a affrontare future transizioni con maggiore facilità.

CONCLUSIONE

Viaggiare o cambiare ambiente è una pratica
che può arricchire la tua vita in molti modi,
dalla crescita personale al miglioramento
del benessere fisico e mentale. Sia che tu stia
esplorando nuove destinazioni lontane o
apportando piccoli cambiamenti al tuo spazio
quotidiano, queste esperienze possono offrirti
nuove prospettive, stimolare la tua creatività e
migliorare la tua qualità della vita. Approfitta
di queste opportunità per scoprire te stesso,
costruire relazioni significative e vivere
una vita più soddisfacente e appagante.

SII PAZIENTE E COSTANTE

E' un consiglio cruciale per chiunque desideri raggiungere obiettivi significativi e migliorare la propria vita. La pazienza e la costanza sono fondamentali per affrontare le sfide, superare gli ostacoli e realizzare cambiamenti duraturi. Ecco perché e come questi due aspetti possono influenzare positivamente il tuo percorso di crescita e successo:

1. COMPRENDI IL VALORE DELLA PAZIENZA

La pazienza ti consente di mantenere la calma e la determinazione anche quando i risultati tardano ad arrivare. È essenziale per affrontare il processo di cambiamento e crescita personale.

- **Accetta i tempi lunghi**: Riconosci che il cambiamento e il progresso richiedono tempo. La pazienza ti aiuta a mantenere la concentrazione e a non scoraggiarti di fronte ai ritardi o alle difficoltà.

- **Impara dalla crescita graduale**: Spesso, i progressi avvengono in modo graduale. La pazienza ti permette di apprezzare e celebrare piccoli successi lungo il cammino verso i tuoi obiettivi più grandi.

2. SVILUPPA UNA MENTALITÀ DI LUNGO PERIODO

Essere costante significa impegnarsi in modo continuo verso i tuoi obiettivi, indipendentemente dalle difficoltà.

- **Imposta obiettivi a lungo termine**: Avere una visione chiara e a lungo termine ti aiuta a mantenere la motivazione e la direzione, anche quando i risultati immediati non sono evidenti.

- **Mantieni la disciplina**: La costanza richiede disciplina e determinazione. Stabilire routine e abitudini quotidiane ti aiuta a rimanere concentrato e a progredire verso i tuoi obiettivi.

3. AFFRONTA LE DIFFICOLTÀ CON RESILIENZA

La pazienza e la costanza ti permettono di affrontare le difficoltà e di superare gli ostacoli senza perdere la motivazione.

- **Gestisci le sfide**: Ogni percorso verso un obiettivo può includere difficoltà e imprevisti. La pazienza ti aiuta a mantenere la calma e a trovare soluzioni, mentre la costanza ti incoraggia a perseverare nonostante gli ostacoli.

- **Impara dai fallimenti**: I fallimenti sono parte del processo di crescita. Essere paziente e costante ti consente di vedere i fallimenti come opportunità di apprendimento e di miglioramento.

4. COSTRUISCI ABITUDINI POSITIVI

La costanza è fondamentale per sviluppare abitudini positive che contribuiscono al tuo successo a lungo termine.

- **Stabilisci routine giornaliere**: Creare e mantenere routine quotidiane ti aiuta a incorporare comportamenti salutari e produttivi nella tua vita.

- **Sii persistente nelle abitudini**: Anche quando non vedi risultati immediati, continua a seguire le tue abitudini. La costanza nella pratica porta a risultati concreti nel tempo.

5. FOCALIZZATI SUI PROGRESSI INCREMENTALI

Il progresso verso un obiettivo è spesso composto da piccoli passi. La pazienza ti aiuta ad apprezzare questi progressi incrementali.

- **Monitora i piccoli successi**: Celebra i piccoli traguardi e riconosci i progressi fatti, anche se sembrano insignificanti. Questi successi incrementali contribuiscono al raggiungimento degli obiettivi a lungo termine.

- **Rivedi e adatta**: Con il tempo, rivedi i tuoi progressi e apporta modifiche se necessario. Essere paziente e costante ti aiuta a essere flessibile e adattabile durante il processo.

6. GESTISCI LE ASPETTATIVE

Essere pazienti e costanti ti aiuta a gestire le tue aspettative in modo realistico e a evitare delusioni.

- **Imposta obiettivi realistici**: Assicurati che i tuoi obiettivi siano realistici e raggiungibili. La pazienza ti aiuta a mantenere aspettative ragionevoli mentre lavori verso il tuo obiettivo.

- **Accetta il tempo necessario**: Riconosci che alcuni cambiamenti e risultati richiedono tempo. La pazienza ti aiuta a evitare il burnout e a mantenere un approccio equilibrato.

7. RINFORZA LA MOTIVAZIONE INTERNA

La costanza e la pazienza alimentano la tua motivazione interna, rendendo il percorso verso il tuo obiettivo più gratificante.

- **Focalizzati sul processo**: Trova soddisfazione nel processo di lavoro verso il tuo obiettivo, non solo nei risultati finali. La costanza ti aiuta a sviluppare una connessione più profonda con il tuo percorso.

- **Mantieni una mentalità positiva**: Essere pazienti e costanti ti incoraggia a mantenere un atteggiamento positivo e a perseverare, anche quando le cose diventano difficili.

8. STABILISCI UN PIANO DI AZIONE CHIARO

Un piano ben strutturato ti aiuta a rimanere costante e a seguire il percorso con pazienza.

- **Definisci passaggi concreti**: Suddividi i tuoi obiettivi in passaggi concreti e gestibili. Questo ti aiuta a mantenere la motivazione e a monitorare i progressi.

- **Aggiorna e adatta il piano**: Essere costante significa anche essere flessibili. Rivedi e adatta il tuo piano di azione in base ai cambiamenti e alle nuove informazioni.

9. CREA UN SISTEMA DI SUPPORTO

Avere un sistema di supporto ti aiuta a mantenere la costanza e la pazienza durante il percorso verso i tuoi obiettivi.

- **Circondati di persone positive**: Le persone che ti sostengono e ti incoraggiano possono fare una grande differenza nella tua capacità di essere paziente e costante.

- **Chiedi feedback e supporto**: Non esitare a chiedere feedback e supporto quando ne hai bisogno. Un sistema di supporto può offrirti consigli utili e motivazione.

10. RIFLETTI E CELEBRA I SUCCESSI

Riflettere sui tuoi successi e celebrare i traguardi raggiunti ti aiuta a mantenere la motivazione e a riconoscere i benefici della pazienza e della costanza.

- **Valuta i tuoi progressi**: Prenditi del tempo per riflettere su ciò che hai raggiunto e su come la pazienza e la costanza hanno contribuito al tuo successo.

- **Festeggia i traguardi**: Celebra i tuoi successi, grandi e piccoli. Questo rinforza il tuo impegno e ti incoraggia a continuare a lavorare verso i tuoi obiettivi.

Essere paziente e costante è essenziale per raggiungere obiettivi significativi e realizzare cambiamenti duraturi nella vita. La pazienza ti aiuta a mantenere la calma e la determinazione, mentre la costanza ti incoraggia a seguire il percorso con impegno e disciplina. Combinando questi due aspetti, puoi affrontare le sfide, superare gli ostacoli e costruire una vita di successo e soddisfazione. La chiave è rimanere focalizzato, adattabile e pronto a celebrare i progressi lungo il cammino.

11. COSTRUISCI RESILIENZA ATTRAVERSO L'ESPERIENZA

Essere paziente e costante ti permette di costruire resilienza, una qualità fondamentale per affrontare le avversità e persistere nei tuoi sforzi.

- **Impara dai fallimenti**: Ogni fallimento offre una lezione preziosa. La pazienza ti aiuta a vedere questi momenti come opportunità di apprendimento, mentre la costanza ti permette di rialzarti e continuare a tentare.

- **Rafforza la tua determinazione**: Ogni volta che superi una difficoltà, diventi più forte e determinato. Questa resilienza ti prepara meglio per affrontare sfide future.

12. GESTISCI IL TEMPO EFFICACEMENTE

La costanza richiede una gestione efficace del tempo. Essere paziente ti aiuta a pianificare e organizzare le tue attività in modo più efficiente.

- **Stabilisci priorità**: Identifica ciò che è più importante e concentra i tuoi sforzi su queste priorità. La pazienza ti aiuta a non affrettarti e a dedicare tempo a ogni attività in modo appropriato.

- **Pianifica a lungo termine**: Crea un piano a lungo termine e segui una routine che ti permetta di progredire costantemente verso i tuoi obiettivi. La gestione del tempo è essenziale per mantenere la costanza nel tuo percorso.

13. MANTIENI UNA VISIONE POSITIVA

La pazienza e la costanza sono alimentate da una visione positiva del futuro e della tua capacità di raggiungere gli obiettivi.

- **Visualizza il successo**: Immagina regolarmente il raggiungimento dei tuoi obiettivi. Questa visualizzazione positiva ti motiva a continuare a lavorare con pazienza e costanza.

- **Sviluppa una mentalità di crescita**: Adotta una mentalità che vede ogni sfida come un'opportunità per crescere e migliorare. Questo atteggiamento ti aiuterà a rimanere motivato anche quando il progresso sembra lento.

14. ADATTA E MIGLIORA IL TUO APPROCCIO

Essere costante non significa fare sempre le stesse cose nello stesso modo, ma essere aperto a modificare il tuo approccio quando necessario.

- **Rivedi e adatta le strategie**: Se qualcosa non funziona come previsto, sii pronto a rivedere e modificare il tuo approccio. La pazienza ti aiuta a essere flessibile mentre la costanza ti incoraggia a continuare a cercare soluzioni.

- **Cerca feedback**: Chiedi feedback e consigli per migliorare le tue strategie e metodi. Questo ti aiuterà a adattarti e a progredire in modo più efficace.

15. SVILUPPA ABILITÀ DI AUTO-DISCIPLINA

La costanza richiede auto-disciplina, che è
la capacità di controllare le proprie azioni
e mantenere la rotta verso gli obiettivi.

- **Crea abitudini salutari**: Stabilire
e mantenere abitudini positive è
fondamentale per la costanza. Lavora su
piccole abitudini quotidiane che ti aiutano
a progredire verso i tuoi obiettivi.

- **Gestisci le distrazioni**: Impara a
riconoscere e gestire le distrazioni
che possono compromettere la
tua capacità di essere costante e
focalizzato sui tuoi obiettivi.

16. ACCETTA I CAMBIAMENTI E ADATTA I TUOI OBIETTIVI

Essere paziente e costante ti aiuta ad affrontare i cambiamenti inevitabili e a mantenere la flessibilità nei tuoi obiettivi.

- **Rivedi e aggiorna gli obiettivi**: Man mano che progredisci, i tuoi obiettivi e le tue priorità possono cambiare. Accetta questi cambiamenti e adatta il tuo piano di conseguenza.

- **Sii aperto alle opportunità**: Nuove opportunità possono emergere lungo il cammino. Essere costante ti permette di riconoscerle e integrarle nei tuoi piani senza perdere di vista la tua direzione principale.

17. INCORAGGIA LA PERSEVERANZA NEGLI ALTRI

La pazienza e la costanza non solo migliorano il tuo percorso, ma possono anche ispirare e motivare gli altri.

- **Diventa un modello di perseveranza**: Mostra come la pazienza e la costanza portano risultati. La tua determinazione può servire da esempio per amici, familiari e colleghi.

- **Offri supporto e incoraggiamento**: Aiuta gli altri a mantenere la pazienza e la costanza nei loro sforzi. Il supporto reciproco può rafforzare il tuo impegno e migliorare le relazioni.

18. SVILUPPA UNA ROUTINE DI AUTO-RIFLESSIONE

Prendersi del tempo per riflettere sui propri progressi e sfide aiuta a mantenere la pazienza e la costanza.

- **Valuta i progressi regolarmente**: Periodicamente, rifletti sui tuoi progressi, successi e aree di miglioramento. Questo ti aiuta a rimanere motivato e a fare aggiustamenti necessari.

- **Pianifica la crescita personale**: Utilizza le tue riflessioni per pianificare la tua crescita personale e professionale, migliorando continuamente il tuo approccio e le tue strategie.

19. RICONOSCI I BENEFICI DELLA PAZIENZA E DELLA COSTANZA

Essere paziente e costante porta a numerosi benefici personali e professionali. Riconoscere questi benefici ti motiva a continuare.

- **Apprezza il processo**: Riconosci e celebra i benefici che derivano dal tuo impegno costante, come il raggiungimento degli obiettivi, il miglioramento delle abilità e la crescita personale.

- **Riflettiti sui cambiamenti positivi**: Valuta come la pazienza e la costanza hanno influito positivamente sulla tua vita e utilizza queste esperienze come motivazione per future sfide.

20. CONTINUA A CRESCERE E IMPARARE

La pazienza e la costanza non sono solo per raggiungere obiettivi specifici, ma anche per il continuo miglioramento e apprendimento.

- **Cerca opportunità di apprendimento**: Approfitta delle esperienze quotidiane per imparare e crescere. La pazienza e la costanza ti permettono di sviluppare continuamente le tue competenze e conoscenze.

- **Sii aperto al cambiamento**: Mantieni una mentalità aperta verso il cambiamento e l'apprendimento. Questo ti aiuta a rimanere agile e pronto a adattarti alle nuove sfide e opportunità.

Essere pazienti e costanti è una delle chiavi per raggiungere successi duraturi e significativi. La pazienza ti aiuta a mantenere la calma e a continuare a lavorare verso i tuoi obiettivi anche quando i risultati non sono immediati, mentre la costanza ti incoraggia a mantenere il focus e a seguire una routine disciplinata. Questi due principi combinati ti permettono

di affrontare le sfide con resilienza, adattarti
ai cambiamenti e celebrare i successi
lungo il cammino. Coltivare pazienza e
costanza ti aiuterà non solo a raggiungere
i tuoi obiettivi, ma anche a sviluppare una
vita più equilibrata e soddisfacente.

21. RICONOSCI I SEGNALI DI AVANZAMENTO

Essere paziente e costante ti aiuta a riconoscere e apprezzare i segnali di avanzamento, che spesso possono essere sottili o progressivi.

- **Documenta i tuoi progressi**: Tieni un diario o un registro dei tuoi successi e dei passi avanti. Questo ti aiuta a visualizzare i tuoi progressi e a mantenere la motivazione.

- **Celebra i piccoli traguardi**: Anche i successi minori meritano riconoscimento. Festeggiare questi traguardi ti incoraggia a continuare a lavorare con pazienza e costanza.

22. MANTIENI UN EQUILIBRIO TRA PAZIENZA E AZIONE

La pazienza e la costanza devono essere bilanciate con azione e proattività. Essere troppo passivi può rallentare i progressi, mentre essere troppo impazienti può portare a frustrazione.

- **Fai progressi regolari**: Assicurati di compiere passi concreti verso i tuoi obiettivi, anche se sono piccoli. Questo ti permette di vedere risultati tangibili mentre mantieni la pazienza.

- **Sii attivo nella ricerca di opportunità**: La costanza non significa stagnazione. Continua a cercare opportunità e ad agire in modo strategico per avanzare verso i tuoi obiettivi.

23. ADATTA LA TUA STRATEGIA ALLE CIRCOSTANZE

Le circostanze possono cambiare, e la tua pazienza e costanza devono essere accompagnate dalla flessibilità per adattare le tue strategie.

- **Rivedi e modifica i tuoi piani**: Se le condizioni cambiano, rivedi e adatta i tuoi piani di azione per rimanere allineato con i tuoi obiettivi.

- **Sii aperto ai feedback**: Accogli il feedback e le nuove informazioni che possono influenzare il tuo approccio e le tue strategie.

24. COLTIVA LA PAZIENZA NEI RAPPORTI INTERPERSONALI

Essere paziente e costante non riguarda solo i tuoi obiettivi personali, ma anche come interagisci con gli altri.

- **Sviluppa empatia e comprensione**: La pazienza ti aiuta a comprendere meglio le prospettive e le esigenze degli altri, migliorando le tue relazioni interpersonali.

- **Sii costante nel supporto**: Offri supporto e comprensione costante ai tuoi amici e familiari. Questo costruisce relazioni più forti e durature.

25. RIFLETTITI SUI BENEFICI DELLA COSTANZA A LUNGO TERMINE

Comprendere come la costanza influisce positivamente nel lungo termine ti incoraggia a mantenere il tuo impegno.

- **Osserva il progresso nel tempo**: Valuta come la tua costanza ha portato a miglioramenti e successi nel corso del tempo. Questo ti aiuta a vedere il valore dell'impegno a lungo termine.

- **Apprezza le trasformazioni**: Riconosci come le tue abitudini costanti hanno contribuito a trasformare la tua vita e a raggiungere i tuoi obiettivi.

26. INCORAGGIA LA COSTANZA NEGLI ALTRI

Sii un esempio di pazienza e costanza
per gli altri e offri supporto a chi
sta cercando di migliorare.

- **Mentore e guida**: Offri la tua esperienza e guida a chi cerca di sviluppare la pazienza e la costanza. Il tuo esempio può ispirare e motivare gli altri a perseverare.

- **Condividi le tue esperienze**: Racconta le tue storie di successo e di sfide superate. Questo può servire da incoraggiamento e guida per chi sta affrontando percorsi simili.

27. IMPARA A GESTIRE IL TEMPO DI INATTIVITÀ

Anche durante i periodi di inattività o di attesa, mantenere una mentalità paziente e costante è importante per non perdere il focus.

- **Utilizza il tempo in modo produttivo**: Anche quando non stai attivamente lavorando verso un obiettivo, usa il tempo per riflettere, pianificare e prepararti per i prossimi passi.

- **Mantieni una routine flessibile**: Adatta la tua routine alle circostanze senza compromettere la costanza. Essere pazienti durante i periodi di inattività ti aiuta a rimanere concentrato sui tuoi obiettivi.

28. ACCETTA E ABBRACCIA LA VARIABILITÀ

Il percorso verso il successo non è sempre lineare; ci saranno alti e bassi. La pazienza e la costanza ti aiutano ad affrontare questa variabilità.

- **Gestisci le aspettative**: Accetta che ci saranno momenti di progressi rapidi e momenti di stagnazione. Essere paziente ti aiuta ad affrontare le fluttuazioni senza perdere la motivazione.

- **Sii resiliente di fronte agli imprevisti**: La costanza ti aiuta a mantenere il focus anche quando il percorso è irregolare e imprevisto.

29. PRATICA LA GRATITUDINE

Essere grati per i progressi fatti e per il percorso
ti aiuta a mantenere una mentalità positiva
e a continuare con pazienza e costanza.

- **Riconosci i tuoi successi**: Prenditi
il tempo per riconoscere e apprezzare
i tuoi successi, grandi e piccoli. La
gratitudine ti motiva a continuare
il tuo percorso con ottimismo.

- **Esprimiti gratitudine verso gli altri**:
Mostra riconoscimento e apprezzamento
verso chi ti ha supportato. Questo
rinforza le tue relazioni e costruisce
un ambiente di supporto reciproco.

30. COLTIVA UNA MENTALITÀ DI PERSEVERANZA

La perseveranza è la combinazione di pazienza e costanza. Coltivare una mentalità di perseveranza ti aiuta a superare gli ostacoli e a mantenere il focus sui tuoi obiettivi a lungo termine.

- **Sviluppa la tenacia**: Allenati a perseverare anche quando le cose sono difficili. La tenacia ti aiuta a rimanere motivato e a continuare a lavorare verso i tuoi obiettivi.

- **Visualizza il successo finale**: Mantieni una visione chiara del successo finale e usa questa visione per motivarti a perseverare attraverso le sfide e le difficoltà.

CONCLUSIONE

Essere pazienti e costanti è essenziale per il successo e il miglioramento personale. La pazienza ti aiuta a mantenere la calma e a perseverare quando i risultati tardano ad arrivare, mentre la costanza ti incoraggia a continuare a lavorare verso i tuoi obiettivi con determinazione. Coltivare questi attributi ti permette di affrontare le sfide con resilienza, adattarti ai cambiamenti e celebrare i successi lungo il percorso. Con pazienza e costanza, puoi raggiungere i tuoi obiettivi e realizzare cambiamenti duraturi nella tua vita.

LA METAMORFOSI DELL'INCONSCIO

RIFLESSIONE PROFONDA

Immagina di trovarti in una stanza oscura, il tuo ambiente familiare è invisibile, ma una luce tenue comincia a filtrare attraverso le fessure delle pareti. Ogni crepa nella muratura rappresenta un frammento della tua vita, delle tue esperienze e delle tue paure. A poco a poco, la luce si intensifica, e quello che un tempo era un buio opprimente inizia a rivelarsi come una tela di colori e ombre che riflettono chi sei davvero.

Hai sempre vissuto con le porte chiuse, preoccupato di ciò che potrebbe esserci dall'altra parte, avvolto nella sicurezza dell'ignoto ma comodo. Ma ora, quella luce comincia a illuminare nuove possibilità e nuove prospettive. Ti rendi conto che l'oscurità non era altro che una barriera che hai creato tu stesso, un muro invisibile costruito dalla paura e dalle aspettative limitanti.

IL PASSAGGIO

Con ogni passo verso la luce, senti un cambiamento dentro di te. Le mura crollano lentamente e, mentre lo fanno, emergi in uno spazio vasto e aperto. Questo nuovo spazio rappresenta il potenziale infinito che ti è sempre appartenuto ma che non avevi mai veramente esplorato. Le tue vecchie convinzioni, i pregiudizi e le limitazioni si dissolvono come polvere al vento, rivelando una verità fondamentale: tu hai il potere di riscrivere la tua storia.

LA NUOVA VISIONE

Adesso che la tua mente è aperta, la tua percezione del mondo cambia. Vedi connessioni dove prima vedevi divisioni, scopri opportunità dove prima vedevi solo barriere. L'illuminazione non è solo una rivelazione del tuo ambiente esterno, ma anche una trasformazione interiore. Ogni pezzo del tuo passato, ogni errore e ogni successo, ora si integra in un mosaico che rappresenta la tua crescita e il tuo potenziale.

L'INVITO AL CAMBIAMENTO

Ora che hai visto cosa significa vivere senza confini autoimposti, la domanda che rimane è: cosa farai con questa nuova consapevolezza? La mente aperta è un'opportunità, non una garanzia. È un invito a continuare a esplorare, a mettere in discussione, a crescere e a cambiare. La scelta è tua: tornare nella zona di comfort del buio conosciuto o abbracciare la luce e l'infinita possibilità che ti sta davanti.

CONCLUSIONE

La tua mente è ora come un cielo stellato, vasto e inespugnabile, che brilla di infinite possibilità. Ogni stella è una nuova idea, una nuova prospettiva, una nuova via da percorrere. L'apertura della mente non è solo un cambio di vista, ma una metamorfosi continua. Ora, con la luce che illumina il tuo cammino, puoi scegliere di vivere una vita di scoperta, crescita e infinite potenzialità. E così, il viaggio non finisce mai; è solo l'inizio di una nuova avventura.

V.M

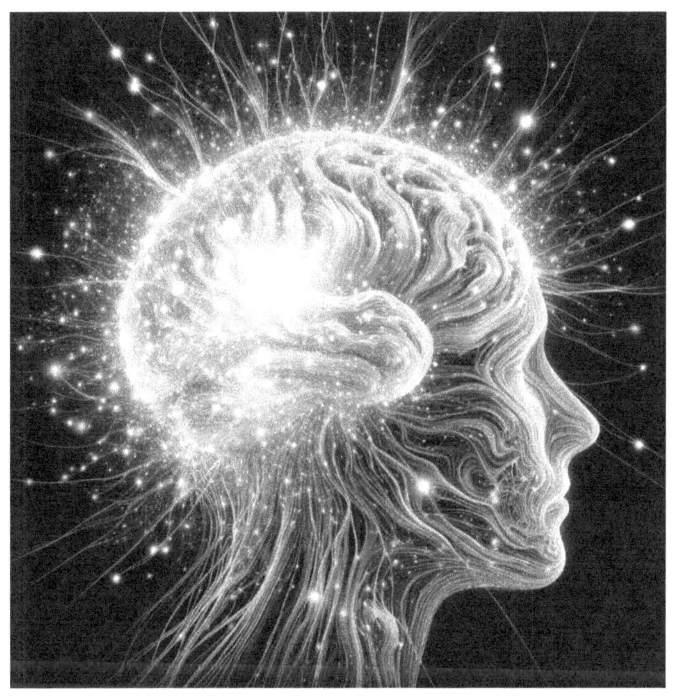